AK-47: Intriga Internacional

AK-47: Intriga Internacional

Libardo Aldana Mejía

Aviso a Bibliotecarios: La catalogación bibliográfica de este libro se encuentra en la base de datos de la Biblioteca y Archivos del Canadá. Estos datos se pueden obtener a través de la siguiente página web: www.collectionscanada.ca/amicus/index-e.html
ISBN 1-4251-0423-1

Diagramación: Vanessa Acosta
Fotografía: Libardo Aldana Mejía

EDITORIAL
TRAFFORD

Oficinas en Estados Unidos, Canadá, Reino Unido e Irlanda

Venta de libros en América del Norte y al extranjero:
Editorial Trafford, 6E-2333 Government St.
Victoria, BC V8T 4P4 CANADÁ
Teléfono: 250 383 6864 (llamadas sin cargo: 1 888 232 4444)
Fax: 250 383 6804; email: pedidos@trafford.com
Venta de libros en Europa
Trafford Publishing (UK) Limited, 9 Park Street, 2nd Floor
Oxford, UK OX1 1HH UNITED KINGDOM
Teléfono: +44 (0)1865 722 113 (tarifa local 0845 230 9601)
facsimile +44 (0)1865 722 868; pedidos.ru@trafford.com
Pedidos por Internet:
Trafford.com/06-2180

10 9 8 7 6 5 4 3 2 1

IN MEMORIAN

A mi madre

INTRODUCCION

En Septiembre de 1998 fui contratado en Colombia para ayudar en unos aspectos de aeronavegación en una operación encubierta pero legal, supuestamente, del gobierno Peruano para traer unos equipos de avanzada tecnología en Inteligencia para cuidar sus fronteras con Ecuador. Pocos meses antes había terminado una guerra entre dichos países. Esos fueron los argumentos por los cuales acepté el trabajo.

Una foto en la que estoy vestido de árabe en compañía de un peruano quien se identificaba como capitán del Ejército Peruano, portando sendos fusiles de la I Guerra Mundial, tomada en Ammán –Jordania– en un centro comercial para turistas, fue presentada a los medios de comunicación como «prueba reina» para demostrar que fui el «cerebro» de la operación y el piloto de aviación que lanzó en paracaídas 10.000 fusiles AK–47 de fabricación rusa comprados a Jordania y que terminaron en manos de las Fuerzas Armadas Revolucionarias de Colombia– Ejército del Pueblo (FARC EP). Esta foto le dio la vuelta la mundo en Agosto de 2002, varios días después de mi captura, en unos momentos en que todo lo relacionado con árabes sonaba a terrorismo y atentados.

El 17 de Agosto 2002, día de mi cinematográfica captura con gran despliegue de fuerza militar, estaba recién posesionado un nuevo gobierno el cual prometía acabar pronto con dicho movimiento guerrillero, uno de los más antiguos del planeta, con 4 décadas de actividades subversivas.

Todo esto constituía un perfecto caldo de cultivo para el sensacionalismo, el desbordamiento de acusaciones en mi contra sin un análisis sereno, objetivo y, al menos, escuchar mi defensa.

Un respetado periodista investigador había publicado un libro en el cual sostenía que esa operación aérea había sido diseñada por la Central de Inteligencia (CIA) y Vladimiro Montesinos, asesor de inteligencia del presidente del Perú, Alberto Fujimori para, por un lado, tener argumentos los gobiernos Estadounidense y Colombiano de justificar internacionalmente El Plan Colombia,una gigantesca ayuda militar y económica para combatir el narcotráfico y de paso a los movimientos guerrilleros de ideología de izquierda en el país suramericano.

Yo, honestamente, no tengo elementos de juicio, desgraciadamente, para confirmar o negar tajantemente esa aseveración, aunque sí soy testigo y víctima de las inconsistencias y contradicciones –aparentes– de ésta operación.

La envergadura de esa operación de transporte aéreo de armas, las grandes distancias recorridas por gigantescos aviones IL–76, la modalidad y forma de entrega, el tocar 4 continentes y lo furtivo de su realización nocturna, la hacen, sin lugar a dudas, una de las más relevantes del mundo después de la II Guerra Mundial.

Los fusiles que cayeron sobre la selva en Colombia no puedo afirmar si fueron del mismo caso que conocí y del que me desvincularon en Jordania. Nunca me comuniqué con esos aviones. Sería fácil de corroborar preguntando a los pilotos así no estén detenidos en Colombia.

Nunca había estado en mis planes escribir un libro. No creo tener el talento para hacerlo. Espero, no obstante, que esta narración constituya una crónica que ayude a dilucidar la verdad integral. Yo no la tengo.

El no ser escritor y las particulares condiciones de las cárceles en donde he estado, en patios dominados por la guerrilla, autodefensas y delincuencia común, conviviendo en hacinadas celdas con criminales de toda clase y también con prisioneros inocentes, justo es decirlo, donde según el Estado, me están rehabilitando, no son propicias para intentar escribir o corregir un relato de los hechos.

Esta es una crónica, recopilación de escritos míos realizados en diferentes fechas por si algo me ocurría, para que no se ocultara la realidad de lo sucedido, al menos con respecto a mí.

Hago un relato de mis actividades con antelación al tema de éste libro, para mostrar mi historial en mi país, que jamás tuvo algo de ilícito.

Aunque estoy convencido que Colombia no siempre ha estado manejado por los más honestos, pulcros y capacitados, siempre he tratado de respetar sus leyes, limitándome a comentarios sobre la realidad nacional y críticas puntuales, espacio que me brinda una democracia, según dicen los voceros del poder.

Algunos pasajes llevan nombres específicos. Empalmar y corregir todo fue para mí una labor difícil por la intranquilidad inherente y falta de oportunidades para estar un rato a solas en las diferentes cárceles. Con la ayuda de una hermana mía no obstante lo pude concluir.

Hago un esfuerzo para ser coherente y no incurrir en garrafales errores de sintaxis o gramática.

No es mi intención entrar en controversia alguna con entidades judiciales, simplemente hago uso de el derecho inalienable que tengo de defenderme de especulaciones y calumnias en mi contra en éste episodio de mi vida. Por otra parte, posiblemente la única especulación que hago es cuando doy una teoría sobre el lanzamiento en paracaídas sobre territorio colombiano y sus posibles parámetros utilizados.

Lo demás lo dejo al análisis y criterio del lector.

Fui, para mi desventura, el ojo del huracán en una indescifrable intriga internacional sobre el cual caerían, después, toda clase de incriminaciones: La cabeza de turco que serviría de coartada a grises intereses, no hallo otra explicación posible.

Mis acusadores dicen que yo miento. Siempre pedí las declaraciones de Sarkis, el Jordano, sobre mi papel en éste asunto. Brillaron por su ausencia. Si fueran incriminatorias ya las tendría en el expediente. Estoy seguro.

En cuanto a un guerrillero desertor que presentaron con inculpaciones en mi contra, si se limitaba a contar lo que realmente vio no le representaba muchos beneficios judiciales. Pero si maquilla, como efectivamente lo hizo, un poco aquí y allá, la realidad se transforma. Además si es convenientemente motivado se muestra dispuesto decir cualquier cosa y pasa rápidamente de guerrillero terrorista confeso a testigo de la más honesta y desinteresada credibilidad; o en experto aeronáutico.

¿Porqué el Estado me capturó,con gran despliegue de fuerza, mucho tiempo después de mis denuncias a un Oficial de la Policía?

En el momento que hago ésta revisión— 16 Junio de 2006— tengo información que a todo guerrillero capturado o que se haya entregado, en los últimos 4 años, se le pregunta sobre mí. No le temo a eso.

Yo jamás he pretendido mantenerme al margen de los sucesos. Las cosas sencillamente, no sucedieron como lo aseguran mis acusadores.

Aquí en Colombia todavía existen personas que bailan al ritmo de la música compuesta por los verdaderos cerebros de este caso, como me he podido dar cuenta. De buena fe, supongo.

El hecho de haberme podido comunicar en Inglés, algo enredado valga la anotación, con las tripulaciones,contrariando las instrucciones recibidas, mucho antes de entrar a territorio Americano en Islas Canarias y Trinidad y Tobago me permitió constatar la existencia de inconsistencias, en ése momento inexplicables.

Las autoridades judiciales colombianas aseguran que sin mi intervención no se hubiera podido desarrollar la operación, sin entrar a especificar en qué consistió ese vital aporte.

No alcanzo vislumbrar entonces de qué me acusarían si hubiese seguido adelante con esos aviones y no los hubiera devuelto.

Yo no sería tan tonto de viajar miles de kilómetros, con mi pasaporte e identidad legal a cometer un ilícito contra el Estado Colombiano[1] identificándome en aeropuertos, hoteles y autoridades de inmigración.

No conocía la existencia, antes de éste caso, de Sarkis y de los peruanos involucrados, ni jamás había negociado arma alguna. Era un piloto en busca de empleo quien seguramente me precipité en aceptar un trabajo inusual. Un error, pero muy distinto asegurar por ello que mi conducta fue ilícita. Creo que mi conducta posterior avala esto.

Afortunada o desgraciadamente no tengo conocimientos, aparte de los periodísticos acerca de actividades ilegales de las FARC–EP.

Nunca me ofrecieron los peruanos, en momento alguno, la posibilidad de entrar a ayudar en la planeación o asesorar la operación. De cualquier manera, si me lo hubieran ofrecido y hubiese aceptado, otra sería mi situación actual, indudablemente. Hace rato me habría acogido a beneficios judiciales; paradójicamente, solo hubiese estado año y medio en cárcel.

Además, como lo comprobé personalmente en Trinidad y Tobago, por insólito que parezca, la tripulación tenía instrucciones de llegar con la carga a Perú. ¿Porqué estas contradicciones?.

Ya quisiera tener al menos la mitad de las características que me endilgan. James Bond palidecería de envidia.

En las acusaciones en contra mía, consignadas en la resolución emitida por la Fiscalía me ponen en todos los aspectos de la operación.

En la planeación en Perú. En la contratación de los vuelos. En la negociación y firma de contratos. En la elaboración de rutas aéreas y planes de vuelo. Como representante del grupo guerrillero. Como piloto de los vuelos. Buscando «en una avioneta mientras los fusiles caían». Abajo, buscando y contando los fusiles. Ayudando a la guerrilla a que no se extraviaran en la región....

El proceso judicial en mi contra, creo, era únicamente para buscar condenarme. Tal vez exista otro para averiguar la realidad y el fondo de todo éste asunto.

Estas líneas también son en nombre de los que nadie oye ni prestan atención y tienen algo que decir. Los que detentan cualquier tipo de poder poco les interesa la opinión, en cualquier tema, de mayorías marginadas en todos los aspectos.

En nombre también de los que nunca hablan aunque estén inmersos en las multitudes, temerosos por posibles retaliaciones al decir sus opiniones.

A quienes nadie les pregunta porque sus aportes no los consideran importantes. A quienes solamente se les indaga superficialmente en encuestas y después son solamente un número perdido en las estadísticas.

En nombre, también, de miles de seres humanos que estuvieron o están injusta o ilegalmente encarcelados en todo el mundo, en Estados con diferentes denominaciones ideológicas.

En nombre de los millones de hombres que son hábilmente controlados y no se han dado cuenta.

Pero, esencialmente éste libro es para reivindicar la memoria de mi madre a la cual éste caso le recortó unos años de vida y el Estado me impidió visitar en su lecho de enferma en el Hospital y asistir a su sepelio, como lo establecen los códigos carcelarios.

Libardo Aldana Mejía
Cárcel del Espinal (Colombia)
Noviembre 2005.

MI CAPTURA

Sur de Bogotá, Agosto 17 de 2002 6:30 PM

La noche caía sobre la fría tarde Bogotana cuando departía con unas amigas, en su residencia, tomando unas cervezas y les narraba las anécdotas que había tenido con su padre y abuelo, Roberto, a quien había conocido en Inírida[2], población localizada al oriente del país, surcada por grandes ríos afluentes del Amazonas y el Orinoco que sirven de hábitat al delfín de agua dulce y peces carnívoros (caribes), territorio selvático de clima cálido–húmedo propio de las regiones tropicales, con vegetación exuberante; en sus selvas y sabanas todavía ruge el jaguar y el puma.

Esta región es habitada desde tiempos inmemoriales que desde la época de la Conquista española se vieron sometidos violentamente a culturas, costumbres y religiones extrañas. Sin embargo, actualmente esa región es un crisol de varias etnias como en toda Colombia, personas en cuyas venas corre sangre de visigodos, alanas, suevos, germanos, semitas, celtas, árabes, sajones, negros y aborígenes americanos, son gentes trabajadoras y honradas que intentan sobrevivir en medio de innumerables inconvenientes por su lejanía del centro del país y carencia de vías de comunicación, además de la precaria situación económica nacional.

A mediados de la década del 80 se descubrió oro por zonas del río Guainía–Negro, afluente del río amazonas desencadenando una fiebre por el metal precioso que en última instancia no aportó beneficio relevante pero sí daños ecológicos.

A Roberto lo había encontrado de nuevo en 1987 en Mai–Machí[3], donde él tenía un almacén de víveres y ropa. Yo estaba haciendo mis primeras experiencias como comerciante y negociante en oro.

Una pequeña grabadora alegraba el ambiente con música de actualidad, baladas pop y algo de rock en español. Una de ellas salió con su sobrina a comprar más cerveza, al regresar las dejaron en el piso.

Ahora volvemos—Dijo una de ellas abandonando el lugar

A Liliana, la conocí muy niña cuando el papá les mandaba conmigo oro desde Mai–Machi hasta Inírida donde residían sus hijos y esposa cuando yo llegaba de la mina ella me buscaba en bicicleta y me decía:

—Hola Fittipaldi– ¿Qué me mandó mi papá?

Se alejaba con una sonrisa iluminando su rostro después de recibir de mis manos un pequeño frasco lleno de oro que le enviaba su padre. Hoy ya no es la delgada niña de esa época, es una mujer que atrae de inmediato las miras masculinas.

Departíamos con su hermana Marina y una hija de ésta en plena adolescencia. Permanecimos en la sala solamente Marina y yo. Destapé dos
cervezas. Le di una.

–Salud –Dije y chocamos las botellas–

–Gracias por su hospitalidad. Estaré acá hasta el próximo lunes festivo. Mi abogado habló con el Fiscal que tiene mi caso y el Martes 20 a las
8 de la mañana voy a presentarme ante él en la Fiscalía–.

–¿Es muy delicado? –Preguntó Marina–

–No creo. Pero en todo caso por eso voy a explicar un enredo en el que
me vi envuelto

–Ah –Dijo ella y cambiamos de tema–.

Escuché el ruido de un helicóptero. No le presté demasiada atención
ya que es común en Colombia el vuelo de estos aparatos a todas horas.

Hablamos de la época en que estuve con su padre en las selvas colombianas colindantes con Brasil y sobre nuestros respectivos planes futuros. Liliana y su sobrina se demoraban, hacía media hora habían salido.
De repente de rompió el relativo silencio del apartamento.

¡PUM! ¡PUM!

Fuertes golpes alguien propinaba a la puerta de entrada en el primer piso.

–¡Abran rápido! –Gritaban–.

La puerta de la calle crujía al recibir los fuertes golpes que retumba-
ban, seguramente, a varias cuadras a la redonda.

El jueves 8 de agosto un funcionario de la Embajada Americana se
había comunicado telefónicamente conmigo y acordamos una cita. Más
adelante relataré mis primeras conversaciones con ellos.

El Viernes 9 viajé temprano a Bogotá donde a las 9 de la mañana
recibí una llamada, en mi celular, de Jhon[4] y acordamos vernos en una
cafetería del norte de la ciudad. Llegué unos minutos antes de la hora
acordada. Pedí un café. A los 5 minutos apareció Jhon con otras dos
personas. Me saludó y se sentó. Los otros ocuparon la mesa contigua.

–¿Quiere café? –Le ofrecí–

–No gracias –Repuso–

–Señor Aldana, unos generales dicen que UD miente, que nunca habló
con alguien de la Policía. ¿Estaría dispuesto a someterse a un detector
de mentiras?

–¡Claro! Con mucho gusto.

No me tomó por sorpresa lo expresado por Jhon. Ya lo sospechaba.
No sabía que había sido peor, si la intriga de la que había escapado estando lejos de Colombia o la que ahora se gestaba en mi contra.

– ¿Usted ha cometido delitos en Colombia?

No, Solamente tengo una restricción para salir de Colombia, proferida por un Juzgado de Familia, debido a un asunto de alimentos –Le respondí–.

–Lo esperamos el martes 13 de agosto para hablar con los oficiales– Creo que le darán una oportunidad para aclarar todo.

–¿Otra oportunidad? ¿Además que ya les conté lo ocurrido? –Le dije pausadamente–.

–Tendrá oportunidad de manifestárselo a ellos –Dijo Jhon, en perfecto español, levantándose–.

Nos despedimos con un apretón de manos. Ellos salieron rápidamente del establecimiento. Pedí un desayuno frugal.

Marqué el teléfono de una amiga a quien invité a pasar el fin de semana en Villavicencio, ciudad a la cual viajamos el mismo viernes en horas de la noche.

Por mi mente pasaron muchas cosas, mucha intranquilidad invadía mi espíritu, pero básicamente mi preocupación era la seguridad de mi familia antes que la mía pero ví la posibilidad de aclarar por fin las cosas ante garantes como funcionarios de la Embajada Americana. Tenía confianza en la justicia colombiana.

El sábado 10 de agosto estaba, con mi amiga, en el último piso de una taberna de Villavicencio desde donde se divisa una panorámica de la ciudad. Es un sitio de reunión para departir unos momentos con amistades en un agradable ambiente, se ven parejas de enamorados bailando al ritmo de buena música o charlando al calor de un buen licor o cerveza.

Estuvimos el tiempo suficiente para darme cuenta que estaba siendo objeto de un seguimiento. Son clásicos, llegan muy solemnes, imperturbables, se sientan, el celular en la mano, miran distraídamente a todo el mundo, mientras toman cerveza mostrándose pensativos. Al rato se levantan, piden la cuenta, y salen. Inmediatamente llega un relevo casi calcado del anterior. No le comenté nada a mi amiga. Por otro lado no tenía razón alguna para preocuparme mucho. Si eran agentes del Estado, yo ya había denunciado ante las autoridades el intrincado embrollo en el que me ví envuelto.

El lunes 12 cerca de la casa, rondaba otro con blue jean, camisa roja, zapatillas blancas celular en la mano. Pasaba cada media hora por frente a mi casa marcando en el celular. Yo estaba relativamente tranquilo, ya había hecho, en años anteriores, lo correcto. Me encontraba sin dinero, pero tenía programado salir del país a trabajar lejos. No tenía por qué huir o esconderme… ¡qué iluso!

Después del reiterado tránsito del tipo del celular, el cual miraba de reojo a la casa estuve convencido que me estaban vigilando. ¿Quien? No lo sabía con certeza. Las ventanas de la casa tenían cortinas las cuales permitían ver lo que ocurría afuera pero en sentido contrario era difícil distinguir siluetas. Decidí adelantar mi viaje a Bogotá que tenía previsto para la madrugada y efectuarlo esa misma tarde. Había vendido mi auto y tendría que transportarme en flota. El tipo recorría una misma ruta. Lo vi venir otra vez. Ya tenía preparado mi maletín de viaje. Se alejó de mi casa conversando por celular. Tan pronto dobló una esquina salí rápidamente en sentido contrario tomando el primer taxi que vi, y luego abordé el primer bus con destino a Bogotá.

Al día siguiente tenía la cita con agentes de la Embajada Americana para reunirnos con altos oficiales, no sabía yo si de la Policía o del Ejército para aclarar cómo resulté involucrado en el caso de las armas procedentes de Jordania, ya que, según me dijo un Agente de la Embajada los militares colombianos decían que era mentiras que yo había relatado a un Teniente de la Policía del Meta unos aspectos de dicho caso mucho antes que estallara el escándalo internacional con el informe del Presidente del Perú Alberto Fujimori y su asesor Vladimiro Montesinos en Agosto de 2000 ante las cámaras de televisión, imágenes que le dieron la vuelta al mundo.

El martes 13 de agosto estando ya en Bogotá, mi hermano, me despertó a las 6:00 a.m. visiblemente sorprendido, enojado y asustado:

–¡Libardo!, a las 4 de la mañana hombres de negro fuertemente armados, allanaron y registraron la casa de una amiga– Lo están buscando a usted!–.

– ¿A mí? – Dije casi dormido– ¿Por qué?

Ya despierto completamente, pensé que no podía ser la Policía o el Ejército. ¿Por qué, entonces no me habían detenido cuando yo me presenté ante ellos y les relaté lo ocurrido? Pensé que podría ser una confusión.

–Tranquilo– Voy a averiguar y aclarar esto– Le dije.

Lo que hago en mi vida poco le comento a mi familia con detalles. Mi hermano estaba asustado, él sabía que yo había ido a Jordania, no más. Rápidamente me bañé y me vestí con un traje de saco azul oscuro y botones dorados, pantalón gris, camisa blanca y corbata azul. Si me detenían —usando toda la parafernalia propagandística– esperaba estar pulcro y bien vestido. Reuní mis documentos personales, celular, agenda digital, un traductor electrónico y el beeper. Antes de salir, miré por la ventana a la entrada del Conjunto residencial. Eran las 6:15 AM.

En la portería estaba un tipo de unos 45 años, caminando nerviosamente de un lado para otro. Tal vez estaba esperando taxi – Pensé tratando de no entrar en delirio de persecución. Pasados 10 minutos Seguía allí. Llamé por mi celular y dejé un mensaje en un beeper del Agente Estadounidense.

– Necesito hablar con Usted urgentemente.

A los cinco minutos John me llamó:

– ¿Que pasa? – Me dijo.

–A la casa de una amiga de mi hermano llegaron hombres fuertemente armados preguntando por mí.

–¿Quienes?

– No sé– Se presentaron como miembros de la Fiscalía. y el DAS [5]

–Espere averiguo que ocurre– Mientras tanto tenga cuidado.

Esta última observación era importante. Por lo visto en la Embajada de USA también están enterados de muchos operativos aparentemente oficiales en Colombia con el fin de, supuestamente, capturar a alguien. Lo hacen y después se sabe que sus protagonistas no eran miembros de entidades estatales. Más tarde aparece el cadáver de la víctima.

¿Cómo iba yo a salir sin ser visto ya que tendría que pasar, necesariamente cerca del tipo? En el parqueadero del Conjunto estaba el auto de mi hermano. Tracé rápidamente un plan. Salí con una maleta pequeña, aparentando tranquilidad. Al pasar cerca de la portería miré de reojo al tipo con un audífono y su cable se le perdía en el saco. ¿Oyendo música a estas horas?

Bajé las escaleras que conducen al parqueadero aparentando ir a abordar un vehículo. Caminé despacio, despreocupadamente. El sujeto, desde que me vio, se volteó y me siguió con la mirada. Cerca de los vehículos no divisaba al hombre. Rápidamente salí por otra portería en la parte opuesta que conduce al centro comercial de la calle 184, en la autopista norte y abordé un taxi, después de una espera por que a esa hora el tránsito vehicular en el sentido Sur–Norte es congestionado.

–Por favor lléveme al Portal de la 128– Le dije al conductor

El taxi siguió un trecho hacia el norte, luego tomó una curva en U para regresar por el otro carril hacia el sur, por la misma autopista.

Nunca había estado en esa situación, pero hice lo que el sentido común me aconsejaba.

No sabía a donde dirigirme que no estuviera ya vigilado. Mi mente estaba analizando todas las posibilidades. ¿Qué había ocurrido? Si en realidad eran de organismos del Estado. ¿Por qué, sencillamente, no me habían llamado? ¿Si no me habían creído antes, por que hasta ahora montaban todo ese operativo? Yo nunca estuve huyendo. Hice mi vida normal, frecuenté los mismos sitios. Me bajé del taxi cerca de la calle 128. Llegué al Portal de Transmilenio. Este es un transporte de servicio público parecido al subway pero en la superficie, y como si fuera gran astucia mía, y para despistar a mi desconocido vigilante, tomé un vehículo...–¡hacia el norte!. Es decir de regreso. Pensé que con esa maniobra despistaría a los que me vigilaban. No le había quitado la batería a mi celular para evitar ser rastreado porque entonces quedaría incomunicado.

De cualquier manera–pensé– todo se aclararía pronto, si estaba interceptando mis llamadas no tenía porqué temer algo. No soy y nunca he sido delincuente.

Al llegar a la última estación, al frente de un centro comercial, mi congoja fue mayúscula cuando allí se subió: ¡El tipo del audífono!– Maldita coincidencia– Pensé. El tipo actuaba tranquilo y observaba distraídamente a todos lados, pero me tenía en su visión periférica. Aunque varios asientos estaban disponibles no se sentó. Permaneció de pié a varios metros, mirando distraídamente hacia afuera. Vi otra vez su audífono. No tenía el aspecto de ser un melómano. Yo no sabía que hacer. Cuando el vehículo llegó cerca de la calle 72, yo estaba de pié cerca a una puerta. El tipo, a veces, volteaba a mirar como si buscara una dirección. Pasaron varias estaciones. Me levanté y caminé hacia una puerta de salida del vehículo. Permanecí de pié junto a la puerta. El vehículo todavía no se detenía. El tipo seguía de pié pero ahora miraba continuamente de reojo. Las puertas se abrieron y descendieron varios pasajeros. Rápidamente salí estando ya la puerta a punto de cerrar. Me volteé a mirarlo, el Transmilenio ya estaba en marcha y lo último que vi de él fue su cara de sorpresa al verme en el andén. Abordé un taxi:

–Por favor lléveme a la calle 26 con séptima–

Deténgase– Le dije a las pocas cuadras y tomé otro en sentido contrario.

–Me lleva a la calle 72 con octava, por favor

Al llegar caminé por la calle 72 sin rumbo fijo. Compré el periódico en un puesto callejero.

. Entré a una cafetería, en la cual estaban haciendo limpieza.

– Todavía no hay servicio– Dijo una mesera

– No importa– Leeré el periódico mientras tanto– Le dije

– Bueno.

A pesar de todo pude apreciar que era joven y de bella figura. Así pasaron 2 horas, tomando tinto, leyendo y viendo televisión. Llamé, desde un teléfono público, otra vez a John esta vez a su teléfono de la Embajada.

—Todavía no hemos hecho los contactos para averiguar. Yo lo llamo —Dijo—. Dejé el maletín y el periódico a guardar en la cafetería, entré a una librería cercana a ver libros para distraerme un poco. Mi beeper estaba funcionando pero su servicio en Bogotá no era fiable. A las 10 de la mañana entré a un SAI a llamar, muy cerca de un restaurante donde en una ocasión me entrevisté con John.

—Todavía no puedo decirle algo— Me dijo y colgó.

En entrar a ese servicio telefónico, llamar, pagar, y salir demoré no mas de un minuto.

Al salir vi, a lo lejos una moto de la Policía estacionada frente al restaurante. A los pocos segundos salió un policía con su uniforme reglamentario, casco blanco, chaleco reflectivo y gafas oscuras. Llevaba colgada al hombro un arma automática. Solamente separaba el restaurante del SAI media cuadra y la calle 72. Cambié de andén y me dirigí hacia la calle 72 a abordar un taxi. El policía no se montó en su moto, cruzó a pié la congestionada calle. Nos cruzamos en el andén. Paré a un taxi y antes de abordarlo miré hacia atrás. El policía entraba al SAI.

—¿Me estaba buscando?

No sé. Pero de ser afirmativa la respuesta, tendría ya varias cuadras de distancia cuando se diera cuenta que el tipo que se había cruzado con él, era el que buscaba.

De todas maneras eran muchas coincidencias las que me habían ocurrido los últimos meses. Me bajé al rato del taxi y entré a un centro comercial. Estaba esperando llamada de JHon.

Antes del mediodía me llamó:

—Tiene una orden de captura—

—¿Acaso no me dijo, que los Generales me iban a dar una última oportunidad? — Repliqué

Y eso era verdad. Me lo había manifestado el viernes 9, ya que, como no creían en mi versión me darían un chance, si colaboraba con ellos. Yo no sabía absolutamente nada más. Aparte de lo que había relatado de Jordania. No conocía más detalles del caso.

Pienso que mi captura fue una forma de presionarme para que revelara datos, que yo ignoraba, de la guerrilla.

—Consiga un abogado y hable con el Fiscal que tiene su caso, es mejor que se entregue—.

Ahora si estaba en dificultades. Tendría que contratar un abogado y avisar a mi familia. De ahí en adelante era como jugar al gato y al ratón, con la diferencia que yo era el ratón y el gato el Estado con toda su infraestructura militar. Me presentaría con mi abogado a la justicia. No me dejaría aprehender en cualquier esquina o cuartucho. Le temía a los «errores militares» que recurrentemente se presentan en esos operativos. Comenté a mis hermanas lo que estaba sucediendo, quienes se asombraron. Ese Martes me alojé en el apartamento de una de ellas en el norte de la ciudad. Pertenezco a una familia, no adinerada pero honrada y trabajadora y nos ufanamos de no ser delincuentes, porque no tenemos alma, corazón o aptitudes para el delito. Esto es una tragedia para mi madre[6], abnegada e inigualable mujer, muy conservadora en todo, la cual nos inculcó valores morales, religiosos y éticos.

El miércoles 14, en las horas de la mañana recibí una llamada en mi celular:

–¡Hola! Soy Hernán– ¿Cómo está?

–Bien, o mejor no tan bien –Le respondí– No me llame que estoy ocupado y en problemas.

–¿Cuáles problemas?– Preguntó aparentando ingenuidad.

–Con la Fiscalía –Le respondí cortante–

– Voy a averiguarle algo, yo tengo amigos por ahí –Me dijo– Llamó nuevamente:

–Libardo, usted tiene unos problemas de tráfico de armas

–Eso ya lo expliqué hace tiempo– Le contesté

Inmediatamente sospeché que Hernán había estado haciendo un trabajo de búsqueda de información o algo por el estilo.

– Hasta luego– Le dije– y colgué.

También esa llamada sirvió para que me ubicaran, porque más tarde comenzaron a merodear desconocidos.

A Hernán lo conocí, sin entrar en amistad, en Barrancominas tiempo atrás, posteriormente lo vi en 1999 en las selvas del Vichada en la época que llegaron los fusiles en paracaídas, en charlas con el Negro Acacio, comandante de la guerrilla de las FARC–EP. Posteriormente a mediados de 2001 lo volví a ver en la Zona de Distensión.

A principios del 2002 me había llamado varias veces para ofrecerme armas. Le manifesté que yo no sabía de esos negocios. Me ofreció una jugosa comisión, le dije que yo no sabía de armas ni quería inmiscuirme en eso. En esa ocasión me dijo que se las ofreciera al negro.

–¿Cuál negro?

–El negro Acacio–

–Usted es amigo de él– ¿Porqué no se las ofrece usted?– Le dije

En la Zona de Distensión, Hernán me había preguntado, contra la costumbre de todo mundo en territorios dominados por grupos armados, la razón de mi presencia en ese lugar. Yo le contesté que cobrando unos dineros a unos tipos y que esperaba que la guerrilla, como es usual en los territorios bajo su dominio me ayudara a recuperarlos. Preguntó por qué concepto era la deuda. Pensé en ese momento que era un informante de la guerrilla o miliciano, le dije de mala gana que de unos asuntos entre unas personas y yo. En el expediente mucho tiempo después comprobé que Hernán dijo que yo le había manifestado que de unas armas que yo había traído.

Más tarde, me enteré que él rendía declaración en contra mía dentro del proceso judicial. Si mi respuesta a sus ofrecimientos de armas hubiese sido otra ya tendrían las grabaciones telefónicas en mi contra. Dentro del expediente no existe evidencia de tales interceptaciones. Yo la pedí en memorial al fiscal 22 en Bogotá.

Salí con una sobrina a un supermercado dentro del Conjunto Residencial a realizar una llamada telefónica para iniciar la búsqueda de un abogado. El jueves 15, mi hermana vio dos tipos con actitud sospechosa. Mi abogado llamó al Fiscal 22 manifestándole que yo me entregaría a la Justicia Colombiana, en sus oficinas de la Fiscalía General de la Nación (Bunker), en Bogotá (Colombia), el martes, 20 de Agosto de 2002 a las 8 de la mañana, ya que el Lunes era festivo. Me relajé y tranquilicé. Desde un teléfono público llamé a las hijas de un amigo, ya fallecido a quien conocí en el Guainía:

–Marina– Necesito un favor– Tengo unos inconvenientes y necesito alojamiento hasta el lunes 19–

–Claro con gusto– Respondió

Pedí la dirección y una vez allí le manifesté que tenía problemas con la Fiscalía, mi abogado había hablado con el Fiscal de conocimiento y yo iría el Martes 20 a entregarme. El Sábado 17 hacia el atardecer, estaba en la sala de su apartamento en un segundo piso con ventanas, sin cortinas hacia la calle. Allí fue donde me capturaron.

Nos cruzamos una mirada de perplejidad con Marina. Rápidamente comprendí la situación. Tenía a mi lado: Celular, agenda digital, beeper y traductor electrónico. Precisamente ese día en las horas de la mañana había borrado todos sus archivos. Como mi presentación ante la Fiscalía era inminente, creí prudente hacerlo para no involucrar a personas totalmente ajenas al caso.

Los golpes continuaron

–¡Abran!–¡Abran!

–Marina– Abra rápido o tumban la puerta– Vienen por mí– Esté tranquila que no va a pasar nada grave– Le dije

– Ella, asustadísima, me preguntó:

–¿Usted que hizo Libardo?–.

Estalló en llanto, angustiada y bajó las escaleras. Me asomé a la ventana: ¡Qué espectáculo! Las casas y sus terrazas de enfrente estaban llenas de gente y abajo, en la calle, había muchos hombres, armados vestidos de negro y camuflado, vehículos de toda clase. Todo el mundo se estaba dando cuenta desde el inicio del operativo, menos nosotros. Me volteé hacia la puerta que daba hacia las escaleras. Traté de serenarme y me encomendé a Dios, pensando en lo que sufriría mi Madre. Sabía a lo que me exponía. Marina abrió la puerta. Con los brazos en alto me preparé mentalmente para esperar con dignidad los acontecimientos. Escuché un tropel de pisadas subiendo las escaleras. En cuestión de segundos entraron, casi simultáneamente, varios hombres uniformados, con sus armas apuntándome, detrás llegaron más, haciendo lo mismo. Yo estaba de pie, vestido con una sudadera azul, (mis hermanas me la habían llevado ese día), zapatillas de color blanco y unas gafas deportivas sobre la cabeza, de espaldas a la ventana que daba a la calle, y de cara hacia la puerta de entrada, con los brazos en alto, aun antes que entraran. En unos instantes toda mi vida pasó por mi mente y sabía lo que vendría después, además de la cárcel, con todos sus rigores y peligros mientras la investigación y se aclarara todo. Creo que les sorprendió verme de pié, con las manos en alto, al entrar velozmente con sus armas listas a disparar.

–¡Manos arriba! – Dijeron después de dos o tres segundos

–¡Quieto!–¡Manos arriba!–

Todos empuñaban sus armas apuntándome.

–¿A que horas se les escapa un tiro?– Pensé.

– Tengo las manos arriba. Estoy quieto y no me estoy moviendo – Le respondí, alzando un poco la voz, aparentando tranquilidad, pero en el fondo tenia temor, no tanto del operativo o estrados judiciales, como sí a «calamidades extra–procesales». Transcurrieron varios segundos que a mí me parecieron minutos, y ellos no bajaban las armas.

Me está salvando la gente que esta a mis espaldas, mirando desde las ventanas y azotea– Pensé. Puedo pecar de exagerado, pero casi, alcanzaba a ver, en el fondo de los negros cañones, la forma cilíndrica de las balas. Poco a poco fueron bajando las armas. Se acercaron dos y me preguntaron:

– ¿Cómo se llama usted?–

– Libardo Aldana Mejía– Respondí un poco más sereno

Uno guardó su arma automática. Cogió unas esposas que llevaba colgadas al cinturón.

–Muestre las manos– Dijo

Alcé las manos juntas. Se hizo un nudo en mi garganta cuando me esposaron. Era la primera vez que estaba en esta situación. Inmediatamente entraron otros dos con cámara de video y detrás una mujer con apariencia de fiscal.

–¿Cómo se llama Usted?

Quien me había esposado se acercó a la mujer diciéndole:

–Ya está confirmado, es el sujeto que buscamos

En ese momento percibí que de una intriga internacional pasaba a una nacional. Tiempo atrás me había presentado ante funcionarios de Inteligencia[7] Colombiana para informar cómo fui involucrado en este caso. Ahora, al parecer, había sido detenido gracias a un sesudo «trabajo de inteligencia» de Entes estatales como me lo manifestó un miembro del DAS.

Ella tomó asiento, sacó papeles y se dispuso a escribir, me sentaron a su lado frente a una mesa.

– ¿Quiénes son ustedes? –Les pregunté–.

– Somos del DAS ¿No ve los letreros? –Respondió uno señalando su gorra–.

– Sí –Contesté– Pero se han visto casos...

Los de las cámaras de vídeo seguían grabando. Alguien con uniforme camuflado me espetó con solemnidad:

– Usted le ha hecho gran daño a Colombia.

– Yo no he hecho eso –Le dije–

Los demás se dedicaron a registrar el apartamento. ¿Qué buscaban? ¿Armas? ¿Explosivos? Yo tenía temor que «sembraran» pruebas contra mí. En honor a la verdad agradezco que no haya ocurrido. Sentí pena por mis amigas de la casa. Incautaron mi celular, agenda digital, beeper y un traductor electrónico. Inmediatamente buscaron en sus memorias.

Yo observaba que buscaban repetidamente en el celular, la agenda digital y el traductor

Electrónico (inglés–español), al fin me dijo la Fiscal con mi celular en la mano:

–¿Cómo se accede a la memoria?

–Así –le contesté y traté de cogerlo–.

Ella no dejó que lo tomara desconfiando, tal vez, que borrara las «comprometedoras» listas de teléfonos.

–Dígame cómo –Repuso–

Le di indicaciones y ella las siguió, apareciendo en la pantalla la palabra: «VACIA»

– ¿Cómo? ¿No tiene nada?

–No señora.

–¿Por qué?

–Porque los borré –Dije, mirándola a los ojos–.

–¿Por qué? –Volvió a preguntar–.

–Porque quiero evitarles trabajos innecesarios a Uds. Ahí tenía solamente teléfono de amigas, ex–novias, ex–esposas, familia y personas completamente ajenas a este caso –Repuse–.

–No importa, nosotros tenemos expertos que pueden recuperar la memoria borrada –Dijo con aire digno y solemne–

–Ah bueno.

Lo mismo ocurrió con la agenda digital y el traductor electrónico. La Fiscal elaboró una lista de lo que me incautaron: Un teléfono celular, una agenda electrónica, un bepper y un traductor electrónico Inglés–Español–Inglés. Todavía veía mucha gente en las ventanas y terrazas. Mi mente estaba asimilando los acontecimientos, primero pensé en mi anciana Madre, linda, inteligente a quien amo mucho. Me entristeció el alma al pensar en el dolor que sentiría al escuchar o ver la noticia de mi detención. Salimos a la calle en medio de una muchedumbre, flash de cámaras fotográficas y luces de videocámaras. Traté de mantener una compostura digna. sentí rabia e incertidumbre. Estaba consiente de los peligros que afrontaría de allí en adelante. Me subieron a un vehículo, donde hombres empuñaban armas listas a disparar. Al momento de arrancar llegaron Liliana y la hija de Marina:

–¿Libardo, qué pasó?– Preguntaron mirando por las ventanas con vidrios blindados

– Tranquilas. Todo está bien –Respondí–

Emprendimos la marcha en medio de numerosos vehículos con hombres fuertemente armados.

–¿Por qué me detuvieron de esta manera? –Pregunté–. Mi abogado habló con el Fiscal y yo me entregaría en el Despacho del Fiscal el próximo Martes 20 –Añadí–. Nadie contestó. Se comunicaban, continuamente, por radios portátiles personales. Muchos curiosos en las calles alargaban su cuello para verme. ¿Hacia donde me llevarían? Lo que me consolaba un poco era que mucha gente había presenciado el operativo. Al menos, eso era un seguro de vida. Cuando viajaba a Bogotá me alojaba en el apartamento de un hermano en el Norte. Ese sector que recorríamos me era desconocido.

Arribamos a las oficinas del DAS en Paloquemao, edificio muy custodiado luego de ser objeto de un atentado años atrás.

ALLANAMIENTOS Y REGISTROS EN VILLAVICENCIO

Las fuerzas de seguridad realizaron 8 allanamientos simultáneos en Villavicencio–Meta– el 13 de agosto, a las cuatro de la mañana. Además de la casa de una hermana, donde yo vivía, allanaron y registraron casas de amigas, ex novias de un hermano y otras que yo no conocía y nunca había estado en esas residencias.

En la casa de una amiga de mi hermano revolcaron la ropa interior en los armarios buscando armas.

–¿Dónde están las armas? –Preguntaban–

Las únicas armas que les encontraron fueron los encantos bajo las piyamas de las asustadas ciudadanas. Sin ofender, ahora comprendo por qué el Estado no logra muchas veces sus objetivos:

Se dejan guiar más por sus deseos de demostrar a toda costa que tienen la razón, que por un análisis objetivo de los indicios. ¿Qué razones tenían para allanar y registrar varias residencias de amigas mías?

¿Solo el hecho de ser amigas mias?

¿Qué encontraron, que constituyera prueba en mi contra, en los allanamientos a mis amistades? Nada. Las fotos incautadas en mi residencia ya habían sido copiadas por la Embajada Americana.

La lógica formal avala la validez de unos razonamientos pero nunca certifica lo falso o verdadero de las conclusiones. Comprendo que sospecharan de varias personas o aún de mis actividades por este caso, pero otra cosa es olvidar que yo lo puse en conocimiento de autoridades mucho tiempo antes de ese agosto de 2002. Y utilizar la sospecha o indicio como prueba.

En el allanamiento a mi lugar de residencia en Villavicencio, según me había comentado mi hermana, ella se encontraba sola ya que mi madre estaba en chequeos médicos en Bogotá. Esa madrugada del 13 de agosto 2002 y ante esa algarabía, prendió las luces de la sala y abrió rápidamente las puertas. Por los tejados de las casas vecinas se sentían pasos. En la habitación de mi octogenaria madre encontraron varias revistas de circulación nacional, una de ellas les llamó mucho la atención, cuya carátula presentaba a Osama Ben Laden, la cual filmaron e incautaron junto con pequeños diccionarios Inglés–árabe–Inglés.

Preguntaron quien dormía en esa habitación, inmediatamente comunicaron, por celular, su nombre y número de cédula, posiblemente a los organismos de inteligencia nacional e internacional. No dudo que la hubieran detenido. De mi habitación incautaron, fotos de Jordania, un vestido árabe que me obsequiaron en Ammán, disquetes (de un amigo americano quien reside hoy en su país), libretas, libros, videos ecológicos, la foto de la portada de este libro presentada por todos los medios de comunicación, dos semanas después de mi captura, como gran «primicia», era la «PRUEBA REINA» de mi culpabilidad sobre el caso. Allí, donde me la tomaron, un centro comercial para turistas, también tenían un camello de verdad, si uno quería se montaba y le tomaban la foto con un paisaje del desierto pintado en una inmensa pared de fondo. Afortunadamente no escogí esa opción. No quiero imaginarme lo que hubieran dicho al verme montado en un camello y en medio del desierto, aparentemente.

Eran aproximadamente las 8 y media de la noche. Me llevaron al primer piso a una oficina que parecía un tribunal con cámaras de vídeo en trípodes y muchos hombres vestidos de negro.

–Siéntese –Dijo alguien y acercó una silla–. Esto no es oficial. Lo que Usted diga aquí no será de conocimiento del Fiscal o Juez. Es confidencial. No lo usaremos en su contra– Manifestó quien parecía tener mayor rango y estaba vestido de civil– Si Usted colabora con nosotros le daremos muchos beneficios con la Fiscalía. En caso contrario le caerá con todo rigor el peso de la ley –Añadió–.

–¿Puedo llamar a mi abogado?

–Más tarde

Nunca lo permitieron esa noche.

–Sabemos donde vive su hijo aquí en Bogotá –Dijo haciendo una pausa para ver mi reacción mientras hojeaba unos papeles– También tenemos conocimiento de su hija, quien se llama...

La oficina era de menos de 25 metros cuadrados, aproximadamente con 4 escritorios y 2 computadores. Había más de 20 personas apretujadas mirándome fijamente. Entraban y salían otras personas con igual uniforme negro.

—Su mamá está un poco enferma en Bogotá...

—Mi familia nada tiene que ver, además hace mucho tiempo puse este caso en conocimiento de las autoridades —Dije reaccionando inmediatamente—.

—¿Quiere responder unas preguntas?

Como la realidad había sido una sola yo no tenía miedo de repetir, una vez más, el relato de lo ocurrido. Lo mismo le diría al Fiscal y al Juez.

—Sí —Respondí—.

Las videocámaras las pusieron a funcionar inmediatamente. Todos se acomodaron para escuchar.

— Voy a relatarles desde el principio como me involucraron en el caso de las armas procedentes de Jordania.

Yo tenía conocimiento de mis derechos constitucionales pero como no tenía nada que ocultar o que existiera peligro de futuras contradicciones, narré lo mismo que dije posteriormente en mi indagatoria ante el Fiscal y ahora lo hago en este libro. Deseaba que de una vez por todas se supiera la realidad de los hechos. No quería contar la verdad por cuotas. El vestido de civil ordenó detener las cámaras para que todos comiéramos pollo asado. Al finalizar mi intervención sacó de unas cajas de cartón unas fotografías de las cuales me mostró varias:

—¿Conoce este tipo?

—No.

A una persona sí la conocía como funcionario público que fue en el pasado pero sobre este caso específico desconocía su vinculación. Así lo manifesté. Había una foto que mostraban repetidamente, yo no lo conocía. Muchos meses después lo vi por televisión. Era un tipo del Brasil quien había sido detenido en Colombia y se llamaba, según las noticias de televisión, Fernandiho. Si alguna vez lo vi antes, no lo recordaba. Continuaba sacando papeles y fotos de las cajas.

—¿Cuales son las cuentas corrientes del negro Acacio?

—¿Dónde están las propiedades de la guerrilla?

—¿Quiénes son los testaferros?

—¿Que empresas tienen de fachada para lavar dineros?

—¿Cuáles son las rutas de la cocaína?

Todo este tipo de preguntas sobre las cuales yo no tenía la mínima idea.

Me presentaron un cuaderno mío en el cual aparecían números telefónicos de mi familia y círculo de amistades. Con grandes trazos estaban señalados los nombres de mi primo Estanislao Eslava Aldana y de una actriz de cine para adultos con su dirección en California, la cual había copiado de una revista de circulación internacional de entretenimiento para adultos donde invitaba ella muy sensual a que le escribieran los lectores. Me preguntaron por mis vínculos con esa persona y porqué yo tenía su dirección. En ese momento rogué porque esa preciosura no tuviera antecedentes judiciales en su país. A mi primo lo acusaron, más tarde, de ser «enlace ruso en Perú», según informe allegado a la Fiscalía. Mejor hubieran acusado a la espectacular actriz, para apreciarla personalmente al menos. Si me habían hecho seguimiento, interceptaciones telefónicas y grabaciones en video, no encontrarían nada contra mí porque, sencillamente, no soy traficante de armas. Esta era la principal acusación contra mí, según me manifestaron.

Preguntaron otras cosas sobre las que yo no tenía conocimiento personal. Así lo manifesté. Una cosa es sospechar que yo debo saber más detalles, pero convertir esta sospecha en argumento contra mí, es otra. Ahora comprendo porqué muchos soplones hablan tan fluidamente en muchos casos. Son cajas de resonancia de las sospechas de investigadores.

LA CARCEL

Bogotá, calabozos del DAS, 18 de Agosto 2002 1:20 A:M

Me llevaron a una oficina donde un guardia estaba de pié y otro sentado detrás de un escritorio.

—¡Desnúdese! —Dijo el guardia que permanecía de pié—.

Dejé en el piso el maletín, una colchoneta y cobijas que me llevaron dos hermanas mías, quienes al enterarse de mi captura, inmediatamente acudieron a las instalaciones del DAS y en un receso del interrogatorio extrajudicial pude conversar unos minutos con ellas.

Me quité los zapatos, chaqueta, camisa y pantalones.

—Los interiores también —Dijo el guardián mientras revisaba las prendas y sacaba el cinturón de los pantalones—.

—Agáchese doblando las rodillas —Agregó—.

Con esfuerzo para no protestar por el procedimiento me agaché y levanté con rapidez.

—¡Otra vez! Quería terminar de una vez por todas con esa requisa, propia para delincuentes callejeros y peligrosos, Obedecí sin chistar. El guardián revisó los papeles correspondientes a mi ingreso.

—¿Por qué delito viene? —Requirió—.

—No sé con certeza le respondí con sinceridad. Ahí debe decir. ¿No le parece?

—Aquí tenemos unos patios con paramilitares. Y otros con guerrilleros ¿Tiene problemas con algunos de ellos?

Pensé decirle lo que posteriormente escribí a mis acusadores y a la prensa: Que las autodefensas y la guerrilla están por fuera de la ley y que yo debía tener más cuidado de los que a nombre de ella, la violan.

—Con ninguno —Le contesté finalmente, mientras terminaba de vestirme. Revisó mi maletín y lo demás—.

A pesar que el Estado colombiano ha dado desde su creación motivos de diferente índole para que se rebelen contra él, —lo prueban, por ejemplo, las guerras civiles del siglo XIX y principios del XX— yo siempre me cuidé de cometer ilícito alguno. Amo profundamente la libertad.

Ver barrotes a mí alrededor me acongojó profundamente.

—Sígame —Dijo el guardia después de manifestar que no podía entrar el maletín, los cordones de las zapatillas y el cinturón—.

Salimos de la oficina. A los pocos metros estaban las puertas enrejadas que daban entrada a los diferentes patios.

Por la hora no había nadie en los pasillos. Relucían pulcros y las luces se reflejaban en el piso dando aspecto de limpieza.

En comparación a las cárceles donde estuve después, estos calabozos son hoteles de 5 estrellas.

—¡Botones! —Gritó el guardia—.

Botones es el nombre que le dan al preso encargado de controlar la disciplina y aseo de instalaciones de los patios 2 y 3. A un costado quedaba el patio 1 cuyas instalaciones eran muy distintas y los reclusos también según me di cuenta después.

—¡Botones! —Repitió el guardia—

Por fin al cabo de 3 minutos divisé una silueta al fondo del pasillo. Solo había celdas al lado derecho. El izquierdo era pared exclusivamente.

Se acercó un hombre de edad madura somnoliento abrigándose con una cobija. Por lo avanzado de la hora no me recibieron como acostumbran, al divisar a un detenido nuevo:

–¡Métanlo aquí para violarlo! ¡Esa chaqueta es mía! –Dicen mientras alargan las manos para tratar de asirlo–.

El guardia abrió el candado y entré.

–Buenos días –Le dije tratando de ser amigable–.

–Buenos días –Contestó–.

Lo seguí. El pasillo doblaba a la derecha y vi un recinto lleno de sillas de plástico y un TV empotrado en la pared. Todo estaba en silencio. Doblamos otra vez a la derecha donde el pasillo era bordeado, a ambos lados, por puertas metálicas. Abrió una. Encendió la luz. Era una celda pequeña empotrada en la pared, una plancha de cemento permitía colocar un colchón o colchoneta encima. Las paredes con las consabidas escrituras a mano, citas bíblicas y declaraciones de amor.

–Hasta mañana –Me dijo el botones retirándose–.

La fría madrugada Bogotana se colaba por una pequeña ventana que daba una vista a una lejana calle. Entraba una brisa helada y salía simultáneamente la alegría y el calor de mis sueños. Pero también se empezaba a generar una rabia profunda en mí ser. La película de mi vida pasó rápidamente por mi mente [8].

MI VIDA

Nací en Villavicencio, puerta de entrada a los inmensos Llanos Orientales de Colombia recién pasado la mitad de Siglo. Población pequeña donde siendo niño uno de nuestros pasatiempos, consistía en observar la llegada del ganado caminando por las polvorientas calles de la ciudad. En contraste esto preocupaba a nuestras madres.

–¡Ganado bravo!

Este era el grito de advertencia proferido por los vaqueros. Generalmente encabezaba la manada el toro más rebelde, el cual con ojos desorbitados y botando espuma por la boca remolcaba a dos jinetes, quienes lo habían enlazado e intentaban frenar su carrera para evitar que causara daño. Las personas cerraban las puertas de sus casas o negocios. Nosotros quienes íbamos para la escuela o ya regresábamos de estudiar nos subíamos a las cercas o a los árboles a ver el espectáculo. Hasta ahora se estaba iniciando el servicio de transporte público. No había señal de televisión. Aunque a finales de la década de los 40 y principios de la 50 los Llanos Orientales había sido protagonista de una lucha guerrillera de origen político contra el Estado, ahora se respiraba tranquilidad. En las sabanas y montes cercanos vivían venados y muchas especies de animales silvestres. Hoy se encuentran zonas residenciales. y fincas ganaderas.

Mi patria es, al menos nominalmente, un a república donde se respeta y acata la Constitución Política, sus leyes y normatividad jurídica. Aunque existan, desde su creación, intereses para que predomine la volubilidad de las conveniencias.

Cursando el bachillerado fui jugador destacado de Baloncesto, y Campeón de Ajedrez del Meta. En el Primer Campeonato Nacional Juvenil de Ajedrez Tunja–1969, Oscar Castro de Antioquia con trayectoria en el juego–ciencia y alumno de maestros nacionales, me ganó y del primer lugar me mandó al cuarto. Yo había pasado de jugar con vecinos a un Campeonato Nacional.

En los medios de comunicación escritos de esa época aparecí como la revelación del Ajedrez Colombiano. Terminado el campeonato decidí abandonar el ajedrez competitivo. No existía futuro. Los mejores ajedrecistas colombianos jugaban partidas en patéticas cafeterías para subsistir. Este juego ciencia no está en los juegos olímpicos porque un tablero de ajedrez lo puede fabricar cualquier carpintero y los jugadores no necesitan zapatillas ni indumentaria especial. No se puede argüir que si las fichas están elaboradas de cierto material son más eficaces. Ningún grupo económico es patrocinador porque sus elementos no generan publicidad que repercuta en su rentabilidad. Es por ello que este juego no es disciplina olímpica.

SERVICIO MILITAR

En el año 1969, recibí el grado de Bachiller en el Instituto Francisco Camilo de Caldas, de la capital del Meta, me presenté al Distrito de Reclutamiento para prestar el Servicio Militar Obligatorio en un programa nuevo para esa época de 6 meses, como Soldado Bachiller, dos de instrucción militar y cuatro de servicio a la comunidad, alfabetizando. A propósito, ¿Qué pasaría si, actualmente, cada año se presentaran voluntariamente a prestar servicio militar todos los que cumplan 18 años?.

No creo que el Ejército pudiera absorber esos ingresos a filas. Entonces, no entiendo por qué hay que pagarle al Estado una suma de dinero para ser eximido de esa obligación.

El Estado tendrá sus razones.

Sin informarle a mi familia acudí en la fecha de la convocatoria, donde el doctor Horrillo médico también del colegio me practicó el examen resultando apto. El me conocía por el ajedrez y una vez me había dicho que no jugara más ajedrez «a la ciega», es decir sin mirar el tablero. Yo daba exhibiciones en el Colegio ante los profesores y alumnos. En el examen médico le dije:

—¿Doctor, no cree que yo estoy muy flaco para el Ejército?

Yo quería en realidad, que me declarara no apto para el servicio, y así obtendría mi Libreta Militar.

—No. Allá engorda —Respondió muy solemne—.

—Doctor. lo que pasa es que no quiero ir —Insistí—.

Yo pesaba 56 kilos. Él sonrió con benevolencia, miró por encima de mi hombro y dijo:

—¡El próximo!

Regresé apesadumbrado a la casa donde le informé a mi familia. Tenía planeado ir a Bogotá a la Universidad Distrital. Había presentado en meses anteriores las pruebas del ICFES (Instituto Colombiano de Fomento para la Educación Superior) y aunque en el momento de hacerlo me dedicaba al Baloncesto y Ajedrez, estaba seguro de obtener buen puntaje. Era Diciembre de 1969. No había más remedio, la presentación para los reclutas era en enero de 1970. Llegó el día, me despedí de mi mamá y mis hermanos. En esa época no había tanto problema de orden público. Solo en algunas regiones del Tolima. En el Distrito Militar todos estaban subiendo a unos camiones, al tratar de subir, el oficial encargado me preguntó:

—¿Cómo se llama Ud?

Le respondí y al mismo tiempo me subí al camión.

—Usted no está en la lista, bájese —Dijo—.

—¿Cómo así? Hace un mes me presenté el examen médico, no quería ir, pero el doctor Horrillo dijo que era apto, ahora quiero ir pero entonces me dicen que no, ¡No señor!, Yo quiero prestar el servicio y salir de una vez con mi libreta —Le dije al militar—.

El oficial insistió, pero no me bajé. Al llegar al Batallón de Apiay, nos peluquearon al estilo recluta, nos dieron uniformes, botas, y demás elementos necesarios. Al otro día, estando en formación llegó en moto el oficial del Distrito Militar de apellido Cossio y dijo:

—Aldana, un paso al frente. Puede irse para la casa.

—No señor. Ahora si que menos, con la cabeza rapada —Contesté—.

Él murmuró algo y se marchó. Yo ya estaba prestando el Servicio Militar Obligatorio en Apiay[9]. Antes de terminar la instrucción militar de 2 meses, estando en unas montañas, le comenté a un compañero:

–Cogollo, en la próxima relación cuando lleguemos al batallón, voy solicitarle al mayor Espinal Mejía, nos permita tomar el curso de Paracaidismo Militar.

–¿Me apoya?

–Listo –Dijo–.

Le comunicamos, también, a Mariano otro soldado bachiller de Villavicencio quien estuvo de acuerdo. A los pocos días, de regreso al Batallón en Apiay, me presenté a relación militar:

–Permiso mi mayor. El soldado bachiller Aldana Mejía Libardo se presenta a relación para solicitarle, en nombre de la compañía Nariño, nos permita tomar el curso de Paracaidismo Militar –El mayor Nolasco Espinel Mejía, veterano de Corea y admirado por todos por lo que se contaba de él, se quedó pensando unos instantes, las manos atrás, se acercó unos pasos meditando y respondió–:

–Necesitan autorización del Comando Ejército ya que para ustedes no está previsto, pero me alegra que lo soliciten, voy a hacer las gestiones y les aviso.

Todos, rompiendo la disciplina militar, gritamos:

–¡Gracias mi Mayor!

A los pocos días el Mayor Nolasco nos informó:

–Compañía Nariño de Bachilleres les tengo una noticia: El Comando Ejército aprobó el curso de paracaidismo para ustedes. Felicitaciones.

Todos gritamos de júbilo y lanzamos los gorros al aire. El curso, llamado SELENITAS del cual fui el banderín, duró un mes. Empezamos 35 y terminamos menos. Todavía debe estar en las pistas de entrenamiento una placa, que dice: «El primer curso de Bachilleres Paracaidistas Militares: SELENITAS. Marzo 20 de 1970». Descubrimos esa placa con orgullo militar y es una de mis satisfacciones. Al finalizar el curso y la instrucción militar nos quedaban los meses de trabajo como profesores o trabajo social con la comunidad. En esa época los repartían en los Llanos Orientales. Había estallado una revuelta en el Vichada. Recibida la Instrucción Militar, Cursos de Alfabetización, Primeros Auxilios, Huertas Caseras y Ganadería, en reunión, nos permitieron escoger el sitio o población disponible en el Llano y la Selva para ir a capacitar a las comunidades y colaborar en labores agrícolas.

–¿Quién quiere ir al Vichada? –Preguntó nuestro comandante, el teniente Piñeros–.

–Vamos para allá, eso de dar clasecitas debe ser muy aburridor –Le dije a Cogollo–.

Aunque nuestra labor era sin armas me pareció un poco interesante conocer esa región. El Vichada, departamento Colombiano, está cubierto de extensas sabanas y selva tropical. Por esos días el Ejército estaba buscando, allí a unos indígenas sublevados al mando de un ex–funcionario del Estado. Nosotros como soldados–bachilleres no portaríamos armas en nuestro trabajo con las comunidades. Solo ayudaríamos en aspectos de Alfabetización y técnicas agrícolas. Así prestaríamos el Servicio Militar Obligatorio durante los meses que faltaban.

Cogollo meditó un instante y los dos contestamos afirmativamente. El teniente Piñeros, comandante nuestro, nos miró sorprendidos:

–Ustedes saben que ahora hay orden público allá, van a enseñar y no van a cargar armas. ¿Están seguros?

–Claro mi teniente –Respondimos al unísono–.

–Bueno –respondió–. Queda claro que ustedes van a trabaja con las comunidades en las labore que fueron capacitados. Si por alguna razón no lo pueden hacer, los devolvemos. ¿OK?

–Entendido mi teniente.

Al otro día estábamos con nuestras tulas a bordo de un DC–3 (C–47 militarmente) aterrizando en un sitio de la sabana llamado Miralejo donde permanecimos mes y medio. Allí estaba al mando el capitán Ramírez.

–Aquí estamos en orden público, persiguiendo un bandolero –Dijo al recibirnos–.

–¿Ustedes no traen armas?

–No señor –Respondimos–. Pero si usted quiere darnos unas...

El capitán Ramírez era jovial pero rígido.

–¿Para qué las quieren? ¿Para que se maten ustedes mismos, o los maten y me los cobren?

–Mejor acaben de llegar, ya veré que los ponemos a hacer –Prosiguió–.

Me correspondió ser su ayudante. Yo cuidaba y cargaba para todas partes un loro que él tenía y una libreta. Dijo que yo tenía que aprender Guahibo (hoy Sikuani) y Piapoco dialectos indígenas. Todavía hoy recuerdo muchas palabras. Lo acompañaba cuando salíamos de patrulla. Llegábamos a un caserío indígena. Le preguntaba al que más hablara español:

–¿Cómo se dice venado?

–Obeibi –respondían–.

–¿Lluvia?

–Ema

Todo lo anotaba en una libreta, las palabras y frases sencillas de uso cotidiano. Un día salimos temprano en carros militares llegando a medio día a un punto, donde se acababa la sabana y seguía el camino por una mata de monte (Selva). Yo iba con el capitán Ramírez en el segundo camión pequeño de color verde oliva con distintivos militares. El primer camión se detuvo. Todos los demás hicieron lo mismo.

–¿Qué pasa? –Preguntó el capitán Ramírez–.

–Mi capitán, el guía nuestro (un civil) dice que nota la selva muy silenciosa, no hay ruidos de pájaros ni insectos, cuando eso pasa, hay gente debajo de la selva

Tras varios minutos de planeación entramos a un sector crítico del camino con leves colinas cubiertas de selva. Descendimos de los vehículos. Estos cruzarían ese trecho de carretera cerrando la caravana. Lo transitamos caminando en fila india un poco distantes uno del otro. Al primer disparo que escucháramos todos debíamos atrincherarnos inmediatamente y responder el fuego. Mi arma de dotación, en el batallón Serviez era un fusil de fabricación belga de cinco tiros, y cadencia tiro a tiro con perilla de cargar el cual en la Segunda Guerra Mundial debía ser ya viejo. Ahora lo único que yo tenía era un loro, una libreta y mucha ansiedad. Al menos con una pistola me sentiría más tranquilo. Yo no debía dejar el loro.

–Usted me responde por el loro –Había dicho el capitán cuando me lo entregó a mi arribo, talvez para ponerme a hacer algo que no estorbara a nadie–.

En definitiva, ese día no ocurrió nada, pasamos a pie la zona propicia para emboscadas y cuando regresamos a la sabana (3 Kilómetros) abordamos los vehículos. Llegamos a una casa grande de madera, a orillas del río Segua, donde una mujer de aspecto extranjero salió a las barandas, con una carabina en las manos. Ella y su esposo eran húngaros. Este no se encontraba, solo la acompañaban unos indígenas a quienes interrogué para continuar con mi aprendizaje de lengua aborigen. Cómo se dice...?. Era mi frase más empleada. Ese sitio iría a ser, años más tarde, el caserío de Puerto Príncipe, hoy relativamente muy conocido en el Llano. En ese entonces solo estaba esta familia extranjera. El teniente Rodríguez tenía una M – 35 de ráfaga y tiro a tiro. Los indígenas le preguntaban bastante por el nombre del arma que portaba. Iniciamos el regreso, a las 3 de la tarde llegando al campamento en Miralejo 3 horas después.

Un día nos encontramos con un indígena Piapoco quien caminaba solo por la sabana. Después de alguna conversación previa tomando café nos comentó que en días anteriores él había estado con los alzados en armas cuando transitamos a pié un trecho montañoso y observaron todas nuestras maniobras.

–¿Estaban ustedes dispuestos a atacarnos? –Preguntó un soldado–.

–Sí –Contestó el indígena muy tranquilo–.

–¿Por qué no nos dispararon? –Inquirió el teniente–.

–¡Uh! –Contestó el indígena maliciosamente–. Nosotros éramos 80 pero solo 20 teníamos escopeta. Ustedes eran 25 pero mucha arma buena.

–¿Y los demás qué armas tenían? –Preguntó alguien–.

–¿Ah? Solo flechas y cerbatanas.

Nos despedimos y siguió su camino. Era un conocido del puesto militar. Más tarde corrió el rumor entre los soldados que la locuacidad del aborigen había sido estimulada porque alguien le agregó un poco de marihuana a su café.

Al día, siguiente escuchamos una noticia por la emisora La Voz del Llano: «Un camión conducido por un señor de apellido Castro que llevaba cerdos, fue emboscado en plena Sabana del Vichada. No se salvó nadie. Ni los cerdos».

El camión había pisado una mina, y los remataron. El capitán Ramírez nos comentó que si el día anterior hubiésemos tomado ese camino a cambio de ir de ir al río Segua, nosotros hubiésemos sido las Víctimas. La emboscada era para nosotros. De ahí en adelante cambió mi «status».

–Capitán. Como ahora esto se va a poner «caliente». ¿Por qué no me da un arma para defenderme?. Este bendito loro ya me tiene harto –Le dije–.

Mejor me hubiese mantenido callado.

–¿Está aburrido con el loro y quiere que lo ponga a hacer algo interesante? –Me preguntó–.

–Sí señor –Respondí–.

Me dio la orden de matar el loro, porque no aprendió a hablar, y que con Cogollo nos lo comiéramos – Él creía que un loro de ésa especie aprendía a hablar. Primera y última vez que comí loro. Un ave de estas sin plumas, es solo pico y patas. El cuerpo es, en comparación, muy pequeño.

En cuanto a hacer algo interesante, ya sin el loro, un día que salimos a patrullar, me ofrecí a ir en la parte delantera del camión militar, montado casi a horcajadas, sobre el WINCHE para observar el camino y detectar movimientos recientes de tierra que delataran minas explosivas. Era una labor delicada pero más peligroso era transitar sin dicha precaución. En realidad la disfruté y me relajé un poco de la ansiedad y estrés que estaba padeciendo por la situación de pié de guerra. Todos los demás iban fuertemente armados. Yo, con una libreta, un lápiz y mucha curiosidad. Esto y otras vivencias que narro más adelante hacen parte de los recuerdos agradables de mi vida. A los cuatro días de la emboscada al camión, llegó un DC–3 (Ya en ese tiempo soñaba con ser piloto) aterrizó en Miralejo, apagó los motores, y sacó la cabeza un integrante de la Fuerza Aérea Colombiana, FAC:

–Alístese que se va con nosotros.

El piloto era un oficial de la FAC quien años más tarde fue mi instructor en el curso de aviación. Nunca se me olvida ese día. Mucho tiempo después me encontré con el otro en Vanguardia, aeropuerto de Villavicencio, Él trabajando con la Aeronáutica Civil y yo como piloto. Bajaron la carga, me despedí del capitán Ramírez y un teniente de apellido Rodríguez. Mi Madre al enterarse de la noticia de la emboscada y que yo estaba por ese territorio había utilizado influencias familiares para que me sacaran de ese sitio.

Al llegar a Apiay me llevaron inmediatamente a la sede de la Policía Militar PM, localizada a un costado del parque de Hacha de Villavicencio. Dejé mi tula con candado porque me correspondió patrullar en el barrio el Barzal donde se encontraban las casas fiscales militares. Estaba orgulloso, me dieron fusil, me autorizaron usar mi boina azul de paracaidista. Naturalmente varias personas me reconocieron y me ofrecían tinto cuando me correspondía patrullar en la madrugada. Era la época de las elecciones de 1970, cuando el presidente de Colombia Carlos Lleras Restrepo mandó a todos los colombianos a dormir temprano declarando un toque de queda nacional para evitar posibles revueltas por los sorpresivos resultados de las elecciones presidenciales.

Al llegar de patrullar al casino de la PM a las 12 de la noche no encontré en mi camarote la tula con mis pertenencias: uniformes, toldillo, hamaca, ropa, elementos de aseo. En la penumbra vi algo botado en el suelo: Era mi tula, a la que le habían hecho lo que llamábamos en el lenguaje de soldados: la cesárea. Como no pudieron abrir el candado, con una cuchilla de afeitar rompieron la lona y sacaron todo. Al poco tiempo me trasladaron al Batallón Vargas, en Granada (Meta) y de allí a un puesto militar en un caserío llamado Puerto Limón, en la vía a Puerto

Lleras donde fui maestro en la escuela de Primaria, dos meses, hasta Julio de 1970, fecha en la cual terminé de prestar el Servicio Militar regresando a la vida civil con la Cédula Militar como Cabo Segundo de la Reserva. Hasta 1969 otorgaban a los bachilleres que prestaban el Servicio Militar el grado de Subtenientes de la Reserva. Pero no importaba reserva es reserva[10].

Aquí es necesario hacer un breve recuento histórico.

En 1948 fue asesinado un líder político del partido Liberal, Jorge Eliécer Gaitán, quien tenía gran apoyo popular destacándose como potencial futuro presidente de Colombia. El mandatario nacional, en esa época, era del partido conservador. A raíz de dicho asesinato se desató una ola de violencia en el país donde liberales y conservadores se mataban entre sí. Gustavo Rojas Pinilla, General del Ejército, mediante un golpe militar se tomó el poder. Por muchos años estos partidos políticos fueron alejados del poder. Sin embargo, para terminar el gobierno militar, unos y otros firmaron un acuerdo, llamado Frente Nacional, para turnarse la presidencia cada 4 años. Rojas fue depuesto. El primer turno le correspondió a un liberal, Alberto Lleras Camargo, 1958–1962, elegido popular y democráticamente. Le seguiría un conservador. Este fue Guillermo León Valencia.

En el cuatrienio 1966–1970 le correspondió el turno a un liberal, Carlos Lleras Restrepo.

En 1970 se presentó a elecciones el general en retiro, Gustavo Rojas Pinilla en competencia con el conservador Misael Pastrana Borrero a cuyo partido le correspondía el último turno.

Cuando el presidente Carlos Lleras Restrepo impuso el toque de queda nacional el mismo dia de las elecciones, dicen los entendidos, que en el conteo nacional estaba a la cabeza Gustavo Rojas. Al día siguiente el ganador era el candidato del partido conservador.

Este turno para presidente conservador era el último ya que el Frente Nacional fue pactado para 4 periodos presidenciales de 1958 a 1974, tiempo en l cual surgieron los movimientos guerrilleros FARC, ELN y M–19. Este último fundado por seguidores del general Gustavo Rojas Pinilla.

A pesar de ser elegidos los presidentes por voto popular, los contradictores del Frente Nacional decían que les sonaba más a componenda que a democracia porque se excluia a los demás partidos de la posibilidad de acceder al gobierno.

Sigo con mi relato.

Entrar a estudiar Ingeniería Electrónica, abandonar los estudios, casarme con mi novia y después conseguir trabajo fue labor de año y medio. El Secretario de Educación del Meta me ofreció trabajo como Monitor del Laboratorio de Física Integrado a organizarse en la Escuela Normal de Villavicencio.

Allí fui el encargado, junto con un licenciado en Física, de organizar un único laboratorio de Física para los colegios de Villavicencio. Posteriormente me dediqué únicamente a dictar las clases de Física y Matemáticas.

MEDELLIN

En 1972, se realizó en Medellín un Concurso Nacional de la Ciencia para estudiantes de Educación Media, Maestros y Profesores. Participé por el Meta ya que gané en mi categoría al presentar un aparato para demostrar el efecto fotoconductor del selenio. El alma del dispositivo, además del diodo de selenio, era una pieza recuperada de un globo sonda, que cayó en la finca de un amigo, que permitía integrar varios circuitos con una diminuta bobina de inducción.

Era la segunda vez que viajaba a Medellín. La primera fue en 1971 con ocasión del I Festival de Rock en Ancón, localidad cercana a Medellín (Colombia). Yo estudiaba Ingeniería Electrónica en Bogotá. Asistí con varios condiscípulos y nos ganamos unos pesos en el parque principal de la ciudad, al yo dibujar a diferentes transeúntes en una hoja de papell. Simplemente dibujé una caricatura de un rostro humano y se la mostré a la primera persona que encontré:

–¿Le gusta este dibujo? –Le pregunté–

Era una chica de blue–jeans. Tomó el papel con una mano mientras con la otra aferraba a su novio quien estaba siguiendo con la mirada a una curvilínea minifalda.

–¿Te gusta el dibujo? –Le pregunté–.

Yo tenía el pelo largo y mis amigos unas pintas de hippies tercermundistas.

La gente se arrimó curiosa y, en definitiva, dibujé más de 50 rostros en caricatura. Por cada una nos dieron buen dinero.

Por esas calendas, Medellín era muy tradicional y conservador. La llegada de melenudos a escuchar música rock fue un escándalo. Unos fumaban marihuana y a la mayoría los atraía la música.

En Ancón había conocido a Martha, simpática antioqueña con hermosas piernas bien torneadas quien usaba unos pantaloncitos calientes, furor en esa época. La conocí con su hija de la mano, una niña de 4 años, escuchando a una agrupación llamada Columna de fuego.

Para la feria de la ciencia me alojé en el hotel Nutibara, muy famoso por aquella época. Invité a almorzar a Martha. Jamás la volví a ver, ya que donde trabajaba como secretaria, me dijeron, posteriormente, que ya no trabajaba allí.

CRUZ ROJA COLOMBIANA

En 1974 – 1975 en mis ratos libres y de vacaciones tomé un Curso de Socorrismo en la Cruz Roja del Meta. Una manera de utilizar mi tiempo libre. Su director, Teddy Tornbaum, quería formar un grupo de rescate con paracaidistas. Para su orgullo y el nuestro fuimos el primer grupo de Socorristas Paracaidistas de la Cruz Roja en Suramérica. En una celebración del día de la cruz Roja, en ciudad Kennedy en Bogotá, saltamos en paracaídas todo el grupo, cerca de Banderas en la cancha de fútbol de una escuela como exhibición y presentación del nuevo grupo de socorristas. Decolamos del Aeropuerto El Dorado de Bogotá en un DC 3 de la Fuerza Aérea Colombiana. El jefe de salto, quien había sido mi instructor en el Batallón Serviez cuando presté el Servicio Militar nos dijo que sería una operación táctica y el avión volaría a 1.250 pies sobre el terreno, pasaría varias veces sobre la zona saltando dos o tres personas en cada una de ellas debido a lo pequeño del terreno donde debíamos descender y al equipo utilizado, un paracaídas táctico–militar. A los pocos minutos nos dio la orden:

–¡Levantarse!

–¡Enganchar!

Enganchamos la línea estática que sería la que abriera el paracaídas principal al salir del avión.

–¡Revisar el equipo!

Aplicamos los procedimientos rutinarios, revisamos nuestros paracaídas de reserva y la cuerda de apertura del paracaídas principal del compañero que teníamos adelante.

–¡Informe revisión de equipo!

Cada una de éstas órdenes de salto son impartidas por un fuerte golpe del pié sobre el piso del fuselaje. De atrás hacia delante seguimos con los procedimientos

–Listo –Dijimos en secuencia–.

El jefe de salto sacaba la cabeza para ver la zona de salto. Se apagaron las luces rojas de la puerta encendiéndose una verde.

–¡A la puerta!

Yo saltaría de segundo en la primera pasada. El primero sería Roberto Rodas, quien se dispuso en la puerta listo a saltar.

–¡Listo! ¡Ya!

Roberto desapareció. Inmediatamente salí detrás de él. Saltamos, con uniformes negros y casco blanco, los paracaídas T – 10 de salto táctico militar, sin secciones abiertas. Era un riesgo inmenso saltando en zona poblada con edificios y líneas de alta tensión. El paracaídas T – 10 es poco maniobrable y el viento lo lleva a uno para donde quiera. Hoy se encuentran paracaídas que son casi planeadores, son tan sofisticados, tan manejables que comparados con ellos, el T – 10 es una sombrilla de abuelita, planea más un martillo. El fuerte viento de los motores me quitó el casco al salir del avión. Había una fuerte brisa procedente del oriente que me alejaba del lugar de aterrizaje previsto en el campo de fútbol de una escuela.

Caí en un antejardín a cuadra y media de donde debía caer. Mi madre dice que la virgen que ella colocó en mi bolsillo me salvó. Roberto cayó en una terraza fracturándose un pie. Cuando yo descendía maniobrando el encordado para no caer en las cuerdas o edificios veía al tráfico parado y todo el mundo mirando por las ventanillas. Ese grupo de Socorristas–Paracaidistas se fue dispersando. En mis tiempos libres de mi trabajo como profesor, y en vacaciones me dedicaba a la labor de ayuda a la comunidad.

QUEBRADABLANCA

Cuando el trágico derrumbe de Quebrada Blanca (cerca de Guayabetal en la vía Villavicencio–Bogotá) a mediados de la década del 70, la Cruz Roja Seccional del Meta fue la primera entidad de socorro en llegar al lugar de la tragedia. Teníamos solo una ambulancia. El espectáculo era aterrador. Nunca voy a olvidar ese día, un periodista me iba a entrevistar cuando llegamos, yo lo retiré con una mano y al ver lo horrendo de la escena quedé mudo. No había sobrevivientes. Nos dedicamos a rescatar cadáveres. Al poco tiempo ocupé el cargo de Jefe de Socorrismo del Meta.

Cursando cuarto semestre en la universidad me entró una crisis existencial la cual era una mezcla de aburrimiento ante las perspectivas rutinarias que vislumbraba, el afán de conocer nuevos horizontes y deseos de cambiar de metas. Aunque había en la Escuela Normal varios licenciados en el área, yo, apenas a mitad de carrera, dictaba las clases de Física a quinto y sexto (hoy décimo y once). Un licenciado en Física y Matemáticas quien era Secretario de Educación del Meta, me había nombrado en 1972 al enterarse que yo me había retirado de estudiar Ingeniería electrónica, charlábamos bastante de Física. Siempre me había gustado y la había estudiado desde niño. Le sorprendió un poco que yo pudiera discutir sobre Astrofísica y Física cuántica. Yo deseaba, en ese entonces, ser un Físico Nuclear y ganarme el premio Nóbel[11]. Cuando fui creciendo y al darme cuenta que en Colombia las cosas estaban organizadas para ser receptores de tecnología, no para crearla con investigaciones, me decepcioné. Sólo quedaba como alternativa ser profesor y repetir como loro todos los años lo mismo a estudiantes con la cabeza en otros intereses más atractivos para ellos.

MI VINCULACION AL GUAINIA (1979–1982)

En diciembre de 1979 recibí un telegrama en el cual me comunicaban mi nombramiento como Coordinador Técnico Pedagógico de la Comisaría Especial del Guainía. No lo pensé dos veces, acepté y viajé a Inírida su capital.

Aquí se inicia otra etapa de mi vida, hasta ahora yo estaba feliz con lo que había hecho, como docente, como voluntario de la cruz roja, como ciudadano, como deportista. Nunca tuve contacto con algo ilícito. Pero de ahí en adelante me iba a encontrar con la otra cara de Colombia, sus problemas, la politiquería, las intrigas, la envidia y la deslealtad. Pero también conocería gente trabajadora, honesta y agradable. Viajé el 10 de diciembre de 1979. Desde allí contemplaba los llanos y selvas. Desde niño mi escritor favorito era Julio Verne, había leído varias veces todas sus novelas. En especial dos que hacen referencia al río Orinoco y al río amazonas, aunque nunca estuvo en estas latitudes, describe, con bastante precisión, detalles geográficos y modus vivendi de sus habitantes aborígenes. Yo había tomado la decisión de aceptar con la ilusión de conocer la selva y posiblemente ayudar a sus moradores.

Aunque este periodo de mi vida no tiene nada que ver directamente con la operación e Jordania lo relato para contextualizar el porqué de mi vinculación a estas regiones. En el Guainía existe casi una simbiosis étnica. Aparentemente, todos se tratan sin distinción relevante por el grupo étnico al que pertenecen. Ya lo dicen los recientes avances y descubrimientos genéticos: Todos somos descendientes de unos mismos seres. Por aquel entonces, llegaban al sector antropólogos de diferente nacionalidad. Cada uno con su interés científico particular, pero una misma intención: Estudiar cultura indígena. El método operativo era muy parecido: Llegaba el antropólogo extranjero o colombiano con gafas, barba, sombrero de explorador, una mochila artesanal, cámara fotográfica, grabadora, sandalias y una maleta con varios libros, se dirigía donde un líder indígena y conversaban hasta la madrugada del «Colono Blanco que los estaba avasallando y exterminando». Le decían muchas verdades, indudablemente y los indígenas se quejaban con mucha razón, pero al otro día, unos indígenas miraban mal a los que no fuéramos de su condición. Eso duraba el tiempo que estuviera el antropólogo quien comía acurrucado con los indígenas en sus aldeas de las riberas de los ríos, saboreando su comida típica.

Los indígenas tenían sus protectores, los antropólogos y una oficina adscrita del gobierno central. A los negros los visitaban dirigentes de «negritudes», ambos grupos fueron creados por una supuesta o real discriminación racial. Para los que no éramos ni negros, ni indígenas, emplearon contra nosotros una denominación muy descriptiva: «mestizos». Yo tenía, sin embargo, buenas relaciones con todos los habitantes.

Afortunadamente, Colombia y en general Latinoamérica no es tierra fértil para luchas raciales o religiosas, aunque existen manifestaciones esporádicas de ellas.

REGISTRADOR

Un día llegó a Inírida el recién nombrado Registrador del Estado Civil de la región. Luego de dejar su equipaje en un hotel y deseoso de conocer la región, aceptó una invitación de sus amigos para ir hasta los Cerros de Mavicure, donde se encuentran 3 moles de piedra que se elevan varios centenares de metros, por encima de la selva. En medio de ellos corre, encajonado, el río Inírida. Allí se forma un raudal, aparentemente inofensivo, como su nombre lo indica: «Remanso». Al llegar a él, el Registrador no tuvo inconveniente en nadar hasta las playas de arena muy fina y blanca, saltando desde la embarcación antes de que ésta llegara a la orilla. Los remolinos, que se forman intempestivamente, lo absorbieron. Encontraron su cadáver a los 3 días.

Esto me sirvió para aprender a tener precauciones de ahí en adelante todos mis desplazamientos cumpliendo labores propias de mi cargo oficial. Si yo llegaba a un caserío indígena, naturalmente a orillas de algún río, nunca me lanzaba a nadar sin antes peguntar por potenciales peligros y observar a los demás nadar y retozar por un buen tiempo. Después sí me arriesgaba. Si no había nadie sencillamente me bañaba sobre la embarcación sacando agua del río. En todos los ríos existen tembladores (anguilas eléctricas), peces carnívoros (caribes o pirañas), caimanes llamados cachirres y otros reptiles como guios (anacondas). Pronto aprendí a convivir con ellos y evitar las horas de más peligro.

Empecé a conocer a fondo la selva, su biodiversidad, sus ríos, su gente, sus grupos indígenas, los pasos peligrosos de los ríos en sus diferentes niveles de agua. Durante semanas visitaba los internados indígenas cumpliendo mis funciones y llevando las cartillas. Por eso, tiempo después, pude valerme por mí mismo y salir solo con la embarcación. Me podía desvarar si ocurría un fallo menor del motor fuera de borda. Por ese entonces se podía viajar sin temor alguno, no había guerrilla, paramilitarismo, ni delincuencia común. Era un paraíso.

La única distracción los fines de semana, era ir los sábados a la pista de aterrizaje a ver la llegada y despegue del avión, un DC–4 de una empresa estatal.

Después de mucho observar llegué a una conclusión :

Como eran muchos más los hombres que las mujeres en Inírida, salían a ver qué mujer nueva llegaba o qué marido o novio abandonaba la localidad.

El río Atabapo, frontera con Venezuela tiene su origen en la confluencia de 3 ríos: Atacavi y Teme en territorio venezolano y el Guasavavi en Colombia, de color rojo muy oscuro debido a unas resinas vegetales en su nacimiento. En la mitad de su recorrido, antes de desembocar en el río Orinoco existen varios caseríos indígenas y en uno de ellos, Cacahual, llevé a cabo varios Encuentros Deportivos Culturales Indígenas, reuniendo a sus comunidades de la zona. Este río tiene varias islas, todas ellas con playas muy limpias de arena blanca y fina. En una de estas islas, yo tenía por costumbre pasar unos fines de semana, pescando, haciendo fogatas nocturnas, con grupos de amigos de Inírida.

En la desembocadura al Orinoco está la población de San Fernando de Atabapo (Venezuela). El Atabapo, es muy ancho, sus aguas son de color negro–rojizo, un espectáculo y la brisa encrespa sus aguas como un mar, llegando a producir olas de más de un metro de alto.

Remontando el río Orinoco en territorio venezolano se llega a un canal natural que comunica con el río Negro–Guainía, es decir, sin bajar de la embarcación se puede pasar del río Orinoco al río amazonas, dos hidrocuencas diferentes.

Por estos lados estuvo explorando el Barón Alejandro Von Humboldt a principios del siglo XIX. Algunos genes suyos deben estar por aquí, dicen algunos. Lo que si es una realidad es que su labor científica marcó un hito en el futuro americano.

BUFALOS EN EL GUAINIA

Cuando llegué a Inírida (Guainía) existían unos búfalos asiáticos de color gris, que deambulaban por calles y alrededores. Estos habían sido llevados por el Gobierno para adaptarlos a esta repugnó parecida a la de sus ancestros. Nadie podía sacrificarlos sin permiso especial. Se fueron reproduciendo, pero por la falta de genes nuevos, supongo, se fue degenerando la raza. Por la noche dormían en cualquier sitio. En esa época no había muchos vehículos ni motocicletas. Para los borrachitos era normal salir a la calle, sin energía eléctrica después de las 10 de la noche y terminar de bruces en un desorden de cachos, cabezas y patas, portar una linterna era inútil porque el color los camuflaba con la penumbra nocturna. Afortunadamente eran muy pacíficos y la víctima solamente tenía que lavarse muy bien para quitarse el olor a boñiga. Acostumbraban a comerse la ropa que encontraban tendida en las cuerdas de los patios de las casas. Más tarde fueron llevados a un sitio río arriba de Inírida llamado Huesito.

En 1981 organizamos con unos profesores de Educación Primaria una cacería de tigres allí ya que el caporal de los búfalos, la persona que los cuidaba de nombre Dositeo Mondragón llegó muy alarmado una tarde a las dependencias del gobierno local :

–Los tigres se están comiendo a los búfalos, yo únicamente tengo mi escopeta calibre 20, hace dos noches armé una trampa para cazar uno...– Relató apresuradamente–.

–Dositeo –Le interrumpí– Usted no debe tenerle mucho miedo a los tigres ya que la única manera que se lo coman a Usted es en caldo... Dositeo era de estatura baja... muy flaco.

La broma no interrumpió su relato:

–Fabriqué una camareta en un árbol, maté un mico y lo amarré ensangrentado con una cabuya a una rama llena de hojas, me subí a la camareta con mi escopeta y una linterna a esperar que el tigre viniera a comerse el mico. A las 12 de la noche llegó el bicho, porque sentí moverse las hojas de la rama, preparé la linterna y si señor, allí estaba, al sentir la luz volteó a mirarme y ¡pum! Disparé y ¡no joda! se vino la camareta al suelo, caí al suelo, se apagó la linterna, la escopeta se desarmó ya que la tenía amarrada con cabuya a la culata de madera. Cuando pude volver a alumbrar el tigre estaba rascándose el hocico y después desapareció de un brinco...

Todos lo escuchábamos en silencio. Había bajado en una curiara a canalete (remo) día y medio. Ese fin de semana organizamos la cacería de tigre con Roberto, un maestro de la región y varias personas más. Todos con sendas escopetas. Yo tenía una embarcació con motor fuera de borda de 40 HP, fibra de vidrio, parabrisas, mandos en la proa de propiedad del Estado, para cumplir mis labores como funcionario del sector educativo. En Huesito había un corral a orillas del río Inírida para que los búfalos durmieran protegidos, una casa donde se alojaba Dositeo y una enramada completaban la escena. Nos recibió Dositeo. De huesito parte una trocha de 3 kilómetros, por selva, al final se encuentra una sabana muy extensa que llega por el sur hasta cerca del río Negro y por oriente hasta el río Atabapo, en la cual era fácil encontrar venados, dantas y tigres. Los búfalos, al amanecer salían a la sabana, donde los tigres los asechaban, por la noche regresaban al corral.

–Miren –Dijo Dositeo–. En la sabana hay 3 búfalos que mataron hace dos noches y todavía se los están comiendo...

La novel tropa de cazadores de tigre se puso en marcha para la sabana, a las 7 de la noche. Dositeo, Roberto y otro sí tenían experiencia. A la expedición se había sumado un ingeniero civil funcionario de la secretaría de Obras Públicas. Marchábamos en fila india, Roberto y Dositeo encabezaban el pelotón. Charlábamos, hacíamos bromas, reíamos, algunos fumaban.

–Por aquí, ya estamos cerca.

Percibimos un olor a putrefacción y las bromas y risas disminuyeron. Encontramos el cadáver de un búfalo ya devorado en su mayoría. El suelo arenoso mostraba huellas de tigre, de varios los tamaños. Todos iluminando con las linternas lo que quedaba del cuerpo y a intervalos dirigiendo los chorros de luz, nerviosamente, a los alrededores.

–Los tigres están aquí ahora –Sentenció Dositeo–.

Ya nadie habló más.

La selva y sabana estaban en silencio. De repente el rugido de un tigre se escuchó a lo lejos. Ya nadie respiraba. Alumbramos a todos lados.

–Ya los asustamos.Y ahora va a ser difícil cazarlos –Se atrevió a decir uno–.

Inmediatamente todos apoyamos esas palabras y decidimos regresar, cuanto antes, a los corrales a la orilla del río. Regresar es un decir, correr sería más preciso porque eso fue lo que hicimos. Nadie quería quedar de último en la fila y el que ocupaba ese puesto, cada instante alumbraba a sus espaldas, para cerciorarse que los papeles de cazador y presa no se invirtieran. Recuerdo que el último lugar lo alternaba con el ingeniero que tenía un problema en una pierna. Parecía de comedia: Unos cazadores de tigre muy decididos que regresaban al primer rugido. Si en la ida nos demoramos casi una hora, el regreso fue en 20 minutos. Al llegar, surgieron de repente, las bromas los chistes y las bravuconadas.

–Dejemos y mañana vamos otra vez y los cazamos –Dijo alguien–

–El olor a cigarrillo los espanta –Agregó otro–

–Si yo hubiera estado solo, era más fácil para la cacería –Añadió el más experimentado–

–Son muchos –Terció alguien–.

Apareció una botella de aguardiente y cigarrillos. Los búfalos empezaron a inquietarse, se acercaron a la orilla, los machos adelante, las hembras y crías atrás mirando la trocha hacia la sabana. Los búfalos son animales acuáticos y esa era otra causa de mortandad porque las hembras, en celo o con heridas que se metían al río eran atacadas por los peces Caribe (Piraña). De repente escuchamos 3 rugidos fuertes y claros con intervalos de un minuto. Son muy diferentes a los de los leones y tigres de otros continentes, pero igual resultado en el sistema nervioso de los que los escuchan. Los pelos –de animales y hombres– se erizan, la adrenalina se desborda y el cerebro da orden imperativa:

–¡Huye! ¡Busca el árbol más alto! ¡Escóndete!

Debe ser algo genético. Los búfalos se alarmaron, los machos más fuertes se dirigieron al frente de la manada para defenderla. «Los cazadores de tigres» terminamos encaramados en las vigas de la enramada rezando para que no aparecieran los tigres que íbamos a cazar. Permanecimos alerta un largo rato al cabo del cual los búfalos se tranquilizaron y entraron pausadamente a los corrales. Los tigres se habían marchado. Nos bajamos de nuestro escondite, dormimos sobre unas grandes piedras a orillas del río. Al día siguiente fuimos río arriba hasta los Cerros de Mavicure, escalamos el de menor altura para recuperar nuestra autoestima. Conservo fotografías de esa escalada. Una de ellas la incautaron en el 2002.

CONOCIENDO LA SELVA

Un día, visitando una escuela en una apartada aldea indígena, me encontraba a orillas de un río, de aguas oscuras con tonalidades rojas, sentado en un tronco, descansando después de mi trabajo el hijo del maestro, oriundo de otra región colombiana y de su mujer indígena, se acercó silenciosamente y me miró sonriendo:

–¿Sabe usted como se matan los elefantes azules? –Dijo sentándose a mi lado–

–No –Respondí, sonriendo, al ingenioso niño–

–¡Pues con la escopeta de matar elefantes azules!...

Y sin darme tiempo para reaccionar:

–¿Sabe usted como se matan los elefantes rosados?

–No, ¿Con la escopeta de matar elefantes rosados?

–¡No! –Gritó el chiquillo– Se pintan de azul y se matan con la escopeta de matar elefantes azules...

Solté una carcajada y el niño se retiró satisfecho. No sé si el niño o su padre lo sabían, pero éste cuento ilustra una maniobra utilizada por los hombres en el poder para eliminar opositores y disfrazar con manto de legalidad su proceder.

En invierno un fin de semana a mediados de 1980, me encontraba con otro funcionario del sector Educativo en la finca de un amigo de apellido García, localizada aguas arriba del río Inírida cerca de un poblado indígena llamado Caranacoa. Yo no sabía manejar motor fuera de borda, no conocía nada de la selva. La casa con un caño cerca, estaba retirada del río el cual presentaba sus riberas inundadas.

García tenía en el caño una pequeña embarcación, curiara, y un remo de madera, amarrados a un palo. Era una oportunidad para aprender a manejarla. Le pedí permiso a su dueño, me subí solo, cuando eran las 10 de la mañana. Al principio es difícil, ya que sin práctica uno da vueltas y no avanza. En ese punto el curso del caño se distinguía fácilmente pero a medida que avanzaba contra la débil corriente se iba perdiendo en medio de árboles y arbustos por la inundación que llaman «rebalse». Yo estaba feliz de estar aprendiendo y cuando quise regresar todo se veía igual en todas direcciones. No se notaba corriente alguna, tampoco alrededor de los troncos sumergidos. Estaba sudoroso y cansado de remar, no podía desfallecer, tenía que encontrar la salida. El sol se estaba ocultando, si llegaba la noche tendría que dormir en la curiara ya que no había orilla donde poner el pié, los zancudos y la tarea continua de sacar agua de la embarcación no hacían atractiva la idea, además de potenciales peligros, como serpientes, pirañas, guios. A veces volvía a pasar por el mismo sitio, por marcas que yo dejaba en troncos de árboles o ramas.

Escuché un leve chapoteo de agua detrás de mí, pensé en un caimán, aunque en vía de extinción por esta región se ve una especie enana que llaman cachirres. De vez en cuando dejaba de remar y miraba para atrás solo selva inundada, el ruido continuó pero pensé que eran alucinaciones mías. A las 5:30 de la tarde, ya oscureciendo, llegué a una laguna. Era el nacimiento del caño. Rápidamente remé por sus orillas decidido a meterme con mi pequeña canoa por la parte que estuviera más despejada de árboles. Tenía que ser el lecho del caño que desemboca en el río Inírida. Así lo hice y llegué a las 6 de la tarde al sitio donde había comenzado mi aventura. Amarré la curiara con un lazo que tenía en una punta y entré a la casa donde estaban Leonel y su amigo tomando un aromático café.

—¡Hola! ¿Cómo están? –Les dije–.

—¡Hola! –Contestaron sin inmutarse–.

—Me perdí un poco, por eso la demora. Llegué hasta una laguna –Dije tratando de dar una explicación por la demora–.

—Ah –Dijeron lacónicamente–.

—No podía encontrar el sendero de regreso porque todo se veía igual y aparecieron muchos mosquitos y zancudos –Rematé–.

—¿Mosquitos y Zancudos? –Dijo rápidamente García con voz pausada–. Por aquí hay tigres que hace una semana se comieron una vaca.

En ese momento decidí que tenía que aprender muchas cosas. Esa fue una lección para acostumbrarme a llevar en la embarcación cuando salía a mi trabajo por los ríos: cuchillo bien afilado, encendedores, y una especie de tridente que es un palo y en un extremo lleva 3 puntas de metal, muy afiladas que por estos lados las llaman zagaya. Para las picaduras de mosquito al principio cargaba repelentes en barra o aerosol. Solo servían máximo dos horas. Con el sudor se eliminaba y regresaban en enjambres. Después ensayé tomando vitamina c sin ningún efecto. Alguien me dijo que untándome petróleo o ACPM. Algo más útil pero al cabo de un rato otra vez las picaduras. Cuando estaba considerando la posibilidad de cargar en la espalda una fumigadora con DDT, descubrí que ya era inmune a esos insectos, o al menos no sentía las picaduras. ¡Que alivio!

Hoy en día ya no existen mucha fauna y flora. El Hombre, persiguiendo ganancias y rentabilidad, olvidan que nuestra madre naturaleza está sufriendo los embates de deforestación y contaminación.

En Diciembre, en Inírida, se celebraban las novenas navideñas con baile, comida y trago, nueve días seguidos empezando el día 16. Se formaban grupos integrados cada uno por habitantes, empleados, negociantes de la región. Entre todos se reunía dinero suficiente para comida, música y trago. No podía faltar nada. Se escogía el sitio de la reunión, enviaban las respectivas invitaciones. Cada celebración debía superar en éxito la anterior.

Estos festejos ayudaban a la armonía y convivencia comunitaria.

Según tengo entendido, ahora no existen.

Inírida era un pueblo pequeño, calles sin pavimentar, arena por todos lados. Fue fundada a principios de la década de los sesenta por orden del gobierno para que fuera la capital de una nueva entidad territorial, para lo cual enviaron una comisión de funcionarios con maquinaria apropiada, y operarios. Esta comisión buscó un sitio para la fundación y lo encontró en un lugar llamado Las Brujas, habitado por varios indígenas. Trazaron sus líneas y se pusieron a trabajar. Ese nombre, Inírida, junto con el de Guainía son palabras de origen Indígena, del universo vocabular de la región. Inírida proviene de una leyenda de una princesa indígena llamada así, Guainía es una voz yeral que significa «Tierra con mucha agua».

Lo primero que cambiaban los evangelizadores, conquistadores o colonos al llegar a caseríos apartados era el nombre de estos. Por ello en Colombia existen muchos Santa Ritas. Santa Lucías, Santa Marías, y los que se salvaron de la primera oleada no escaparon de nombres de los próceres y políticos: Puerto Lleras, Puerto López, Nariño, Santander...

Afortunadamente existen palabras del léxico autóctono que designan pueblitos y parajes. En el Vaupés conservan su nombre: Mitú, Tapurucuara, Pacú, Tatú, Yapú.

La televisión es de gran ayuda para la información en general, divulgación de cultura artística y científica. Para el entretenimiento. Muchos programas lo demuestran. Existen otros, desafortunadamente, que tienen a los inventores de ella, muy seguramente, santiguándose en sus tumbas. En mi vida he visto disparates y tonterías más grandes. Pero a otros les gusta. Respetar es tolerancia.

Se hace propaganda a una cultura de lo fácil sin esfuerzo alguno: Adelgace sin dietas continuando con sus hábitos alimenticios y sin ejercicios físicos. Aprenda inglés durmiendo. Gane dinero sin trabajar...

Solo en radios de onda corta se lograba sintonizar, algunas veces, con mucha dificultad, unas emisoras de Bogotá y el poco tiempo que se pueden sintonizar diariamente es para escuchar con dificultad las propagandas de las grandes cadenas radiales. Paradójicamente a cualquier hora el día se escucha con facilidad emisiones radiales en español de Curazao, Bonaire, Ámsterdam, París, Washington.

EL BURRO RAMON

En Inírida existe un moderno edificio, sede del gobierno. Un burro al cual la gente le puso por nombre «Ramón», recorría tranquilamente el pueblo sin ser molestado por nadie, un día entró a las oficinas de la Tesorería local, en la sede del gobierno donde un empleado había dejado sobre el escritorio un enorme libro de contabilidad. Ramón se comió varias hojas donde eran llevados registros del presupuesto. Cuentan que el Tesorero se vio en grandes aprietos cuando trató de explicar el incidente al gobernante:

Es la excusa más extravagante que he oído en mi vida –dijo el mandatario local–.

–Pero señor –dijo compungido el Tesorero–. Es la verdad, esas hojas faltan en el libro contable porque Ramón entró y se las comió.

–¿Quiere decirme usted, qué hacía un burro en la oficina? ¿De visita? –cuentan que preguntó el gobernante–.

Al final los habitantes del pueblo le aseguraron que era costumbre del burro entrar en sus casas y comerse hasta la ropa.

En una época electoral el hambriento asno casi provoca una reyerta entre políticos por su apetito por los carteles de propaganda política, que eran pegados a la pared con un engrudo fabricado a base de un almidón vegetal, los ponían por la noche y al amanecer ya no estaba allí.

Con vigilantes descubrieron que el culpable era Ramón

Guainía, por su aislamiento, era una comunidad representativa, en todos sus aspectos, a una Colombia pequeña, Con todas sus virtudes y defectos. En cada comunidad indígena había un internado donde dormían, comían y estudiaban los niños de su zona de influencia, la mayoría eran indígenas. Todo lo financiaba el gobierno a través del Fondo Educativo Regional FER, los profesores, la comida y las personas que cocinaban. A mi me parecía que era apenas justo después de la expoliación a que habían sido sometidos, desde sus ancestros. Los profesores eran procedentes de toda Colombia, aunque se estaba iniciando una capacitación de maestros indígenas. En la Normal de Villavicencio dicté clases en unos cursos vacacionales para profesionalización de maestros procedentes del llano y la selva. En el Guainía y Vaupés, posteriormente, me encontré con varios alumnos.

El caso de la educación era un caballito de batalla de los antropólogos, decían, con razón, que era una descontextualización y alejamiento de los valores tradicionales de las costumbres indígenas. Criticaban también la apropiación de tecnología nueva en el ámbito aborigen.

A todo esto se sumaba el adoctrinamiento religioso, el cual los alejaba de su cosmovisión ancestral. Yo estaba de acuerdo en muchos de los planteamientos de los antropólogos pero como era también realista y sabía que no podíamos volver a escribir la historia, pensaba que, al menos, darle de comer a los niños les favorecería un poco en su nutrición.

Yo percibía que había que efectuar correcciones en muchas cosas, pero en el fondo, la problemática, era ya indescifrable. También, en el otro extremo había personas, que al llegar a Inírida y conocer un poco, decían que esto era un paraíso: No se pagaba energía eléctrica ni servicio de acueducto, la asistencia médica, casi gratis, era muy buena para todo el mundo y nadie, absolutamente nadie aguantaba hambre. Si usted no tenía trabajo, tomaba un anzuelo, le ponía un cebo de mañoco (harina de yuca) y pescaba. Toda persona tenía en la selva un terreno con cultivos de yuca brava, plátano, maíz y frutas.

En compañía de varios maestros, diseñamos una cartilla y me dediqué a viajar por los diferentes sitios y capacitar a los docentes en Técnicas de Alfabetización de Adultos Indígenas. Todo adulto indígena habla también español y para tranquilizar a los críticos que decían que había que enseñarles a leer y escribir en lengua materna yo les argumentaba que ya estaban muy creciditos, y que mi trabajo era con adultos «y que el español era el idioma comercial de la región».

He visto y escuchado a varios dirigentes nacionales y locales pedir para sus regiones, «más presencia del Estado». Tengo mis reservas sobre la garantía de éste para solucionar los problemas sociales y económicos de los ciudadanos. Al menos por lo que he visto en muchos años por las cuencas hidrográficas del Orinoco y Amazonas.

Pero como funcionario del sector educativo debía guardar una actitud conciliadora y jamás en mis actividades como funcionario, incluí el tema de proselitismo político.

En Enero de 1980 conocí a un hijo del caricaturista del periódico El Tiempo, Chapete, quien estaba de paso por el Guainía con una chica extranjera. La última vez que los ví fue en el Río Negro, en la frontera con Venezuela y estaban buscando transporte para Manaos–Brasil. Había una casa de madera con techo de palma llamada «La casa de los hippies». La habitaban profesionales colombianos y extranjeros, entre ellos conocí a una húngara y varias francesas jóvenes y hermosas, Humberto, odontólogo araucano, era el esposo de una de ellas. En una ocasión celebraron una fiesta, había dos ponqués, uno para consumo de ellos y otro para los invitados. Una invitada, por curiosidad, probó el ponqué de los anfitriones que por lo visto era muy especial, ya que la chica casi se muere; unas hojitas de marihuana hacían parte de sus ingredientes. Fue el escándalo del mes en Inírida.

Nunca olvido a la chica húngara, residente en la mencionada casa, rubia, ojos azules y tez muy blanca, quien ocasionalmente vendía empanadas. Yo siempre le compraba lo que ella ofrecía en una canasta, vestida con una blusa corta que dejaba ver su bien torneado vientre. Cuando decidí conquistarla, había decidido regresar a su país.

Por aquellos tiempos ni asomo de guerrilla o violencia.

En una correría por el Río Negro – Guainía y en otras posteriores en los años 1981 y 1982, conocí, a personas procedentes de Inírida que estaban explorando varios ríos y habían encontrado oro en la arena de varios de ellos, los indígenas han sido ancestralmente, los primeros en saberlo, y es de todos conocido que lo trabajaban y fabricaban joyas en filigrana de gran belleza, como lo hicieron en su momento los Conquistadores. Se ignora como lo hacían, teniendo en cuenta que, para ello se requieren hornos de alta temperatura y otros elementos de especial tecnología. Años después, cuando regresé en 1986 ya existían cientos de buscadores de oro, y fundaron un caserío parecido a los del lejano oeste: Mai–Machi, que en lengua vernácula quiere decir «montaña del diablo», por una montaña imponente que lo domina, de donde desciende por varios arroyos el oro en aluvión.

Allí en esa región una entidad gubernamental especializada, después de varios meses de exploración, encontró oro cuyas vetas están a más de 30 metros de profundidad en medio de rocas. Los mineros artesanales obtenían el oro lavando la arena de arroyos adyacentes. La gran veta estaba muy profunda y se requerían grandes inversiones para extraerlo. El gobierno Nacional, durante el cuatrienio del Presidente Virgilio Barco, presentó a licitación internacional su explotación de la cual, a propósito, hasta el momento no se conoce nada al respecto. Otra campaña exploradora encontró yacimientos de uranio, por el alto del río Negro –Guainía–. Tampoco existe información pública sobre acciones posteriores. Por aquellos días vi fotografías de la región, obtenidas por satélite, abandonadas en un caserío indígena llamado Caranacoa.

–Por éstos lados se encuentras grandes yacimientos de uranio –me dijo un geólogo empleado de una empresa extranjera que estaba en búsqueda por aquellos tiempos, de ése metal–.

Así, después de casi tres años de permanecer en una región que aprendí a querer y admirar, presenté renuncia como funcionario público y regresé a Villavicencio en diciembre de 1982.

EL VAUPES

Recibí una llamada de un amigo, quien había sido secretario de Educación en el Guainía. Ahora estaba de Secretario de Educación en el Vaupés –división político administrativa del país– y me ofreció un contrato para que fuera a asesorarlo en su labor de alfabetización. Acepté y así se dio inicio a una nueva etapa en mi vida, conocería nuevos ríos, más selva, más costumbres.

Al llegar a Mitú[12] (Vaupés) firmé un contrato de asesoría para la Campaña de Alfabetización, llamada en el gobierno de Belisario Betancourt: «CAMINA» [13]. La directora de la campaña, licenciada en Educación, tenía un problema congénito en una pierna lo mismo que otra educadora de la misma dependencia, al poco tiempo me fracturé un pie en un accidente de motocicleta, cuando caminábamos juntos por las calles de Mitú la gente, de muy buen talante nos decía: ¡La campaña CAMINA, no camina, cojea!

Cuando había llegado a Mitú, el amigo Secretario de Educación me asignó una casa fiscal a orillas del río Vaupés, junto a la planta eléctrica que generaba la luz para el pueblo, de 2 PM a 11PM, todos los días. A los 15 días de mi llegada una amiga me preguntó dónde vivía, le dije que en una casa fiscal por la calle frente al río.

–¿Cómo? Yo no me aguantaría el ruido –Dijo–

–¿Cuál ruido? –Le pregunté–

–El de la planta eléctrica al lado suyo –Manifestó–

–¿Cuál planta? –Repetí la pregunta–

Como yo salía temprano y llegaba después de las 11 de la noche, afortunadamente nunca oí funcionar el generador eléctrico del pueblo. En el Vaupés solicité al gobierno un motor fuera de borda para cumplir con mis funciones. Accedió y tiempo después tenía un motor Yamaha de 8HP. En Inírida tenía una embarcación de fibra de vidrio, mandos delanteros, parabrisa y descapotable con un motor 40HP. Como los ríos del Vaupés tienen muchos raudales (Rápidos), me decidí por uno más pequeño para disminuir el peso para cargarlos en pasos difíciles. Ahora existe un deporte, el Rafting donde con embarcaciones diseñadas para tal fin se desafían peligrosos o rápidos raudales. Yo tenía que hacerlo era para ir al trabajo.

En la técnica pedagógica de Alfabetización de Adultos, existe un método especial el cual utiliza una frase generadora, a partir de la cual se escoge una palabra clave para iniciar el proceso. Resulta que el Vaupés no tenía una cartilla propia, solo usaban para alfabetizar la Cartilla Nacional con frases generadoras que no le decían nada al habitante de la región.

La mayor parte de la educación era administrada por la jerarquía católica, por disposición gubernamental. En realidad han cumplido una excelente labor.

En la reunión que yo organizaba y dirigía por la noche, con toda la comunidad de Pacú, a orillas del río Querarí, hombres y mujeres (niños, adultos, abuelos) les narraba mi experiencia con indígenas en el Guainía y mis experiencias con la etnia curripaca de ésa región. Los ancianos empezaron a murmurar en voz baja, intuí que no les gustaba el tema y lo cambié rápidamente.

Más tarde supe el motivo.

Sus ancestros habían tenido guerras con ésa etnia.

Abajo de Mitú atravesando el río vaupés existe un caserío llamado Tayazú al cual se llega después de navegar 4 horas y pasar 3 raudales relativamente peligrosos. Generalmente por allí no pasa nadie y ante cualquier percance solamente se tiene la opción de recurrir a uno mismo y a la suerte. Llegué una vez y encontré como maestro de la escuela a un conocido, Cesáreo, con su esposa e hijo recién nacido.

–¿No le da miedo viajar solo? –Me preguntó mirando el pequeño motor–

–Más temor me da no encontrar comida a donde llegue a dictar los cursillos Le contesté en broma.

En Noviembre de 1998, estando yo en Ammán, lo vi por CNN en unas escenas de una toma guerrilera en el Mitú –Vaupés–, donde él se desempeñaba como Alcalde. Posteriormente en el año 2003 nos encontramos estando detenidos en la cárcel de Villavicencio.

Otra noche, por el río Querarí en un caserío indígena llamado Pacú, le pregunté a un abuelo, con el cual habíamos hecho buena amistad el porqué estaban murmurando y muy serios la noche relatada en líneas anteriores :

–Mire Libardo ¿Usted si ha visto que en todos los caseríos de nosotros hay una zanja grande alrededor?

–Si –Le respondí–

–Eso lo hicimos hace años para defendernos de los ataques de Curripacos, indios muy malos, roban mujeres, niños y matan hombres. Me contestó

–Ah.

Jamás volví a mencionar por esas zonas mi labor con los Curripacos en el Guainía.

JANUARIO CUELLAR-VAUPES 1984

En una correría de trabajo llegué a un caserío a orillas del río Papunagua, afluente del río Inírida donde abundaban los zancudos, de todos los tamaños y colores. También existían unos mosquitos diminutos que picaban y uno no se daba cuenta de la picada hasta cuando el insecto ya estaba lejos. La picadura era dolorosa y dejaba unas ronchas rojas con un puntito de sangre en el centro. Allí solamente enseñaba un maestro. Terminada mi labor le manifesté que deseaba conocer río arriba.

–Por allá vive un viejito, Januario Cuéllar, que está hace mucho tiempo en la selva. Dijo–

Llegamos después de media hora en un bongo. Pasadas las presentaciones le pregunté por su vida y sus correrías por la selva.

–Yo llegué hace como...–Contestó y empezó a hacer cuentas–.

Por deducciones calculé que tenía más de 35 años de haber llegado al Vaupés y nunca más había salido. Le pregunté por animales salvajes y narró muchas anécdotas con dantas, tigres, guíos, y serpientes.

Me enteré sobre una serpiente que se levanta del suelo varios palmos, aún cuando repta y no huye del hombre, como la mayoría su mordedura es letal. Varios indígenas me habían contado esas características del reptil y tenía deseos de conocerlo. He encontrado muchas serpientes y no les profeso mucha simpatía. Le pregunté a Januario si había visto una serpiente de esas características[15].

—¡Ah!, debe ser esa que mató a un muchacho que me ayudaba a recoger cacao —Dijo Januario—.

—Cuente eso —Le dije—.

—Una tarde veníamos para la casa por la trocha después de limpiar el cacao. Yo venía adelante y el muchacho 20 metros atrás. Llegué acá y puse a calentar la comida. Llamé a Camilo, así se llamaba, no contestó. ¡Raro! y me devolví a buscarlo, aquí cerca estaba tendido en el suelo, movía un poco los brazos y una culebra grande enroscada encima de su pecho lo mordía una y otra vez. Esa es la culebra que Usted dice porque el muchacho ya agonizaba y estaba temblando. Por eso la culebra lo mordía una y otra vez.

La describió con más detalles.

—¿Y no tiene miedo de vivir por aquí? ¿Está contento? —Le pregunté—.

—Sí —Dijo—. Solamente debo tener cuidado con la araña venenosa, los caribes (Pirañas) cuando me baño en el río no debo tener heridas, los tembladores (Anguilas eléctricas) me toca espantarlos antes de meterme al agua y de los tigres que se han comido unos cerdos debo espantarlos con la escopeta...por lo demás esto es muy tranquilo —Remató—.

—¿Januario, Usted por qué dejó su tierra y vino a vivir aquí? —Le pregunté—.

Dio un gran sorbo de café, se limpió los labios con la mano, escupió en el piso y dijo:

—Estoy aquí porque por allá en las ciudades había mucho peligro.

—¿No tiene miedo del paludismo?

—¡Ah! No —Repuso con aire muy digno—. Eso da solamente cuando a uno lo pica el zancudo ese que llaman anofeles.

Januario, al único animal que le temía, era al Hombre.

Me puedo vanagloriar que conocí casi todos los rápidos de los ríos del Vaupés. Los crucé solo

En varios sitios era necesario nadar —cuando no dar un rodeo por tierra con el motor al hombro— dejando ir primero la embarcación con el motor levantado, e inmediatamente lanzarme a la corriente detrás de ella. Esta maniobra la había visto hacer a unos indígenas en viajes anteriores y comprobé su eficacia. La embarcación sola flotaba más. Visto en retrospectiva, ahora sí me parece peligroso, en ese entonces era algo natural.

VIAJE POR LOS RIOS PAPURI Y PIRAPARANA

Al terminar el contrato, me hospedé en un rústico hotel construido totalmente en madera. Días después me enteré que unos conocidos del pueblo estaban organizando un viaje por el río Papurí. Uno de ellos proveedor de elementos para el gobierno, al enterarse que yo ya no trabajaba para la Secretaría Educación y que no tenía planes previstos de inmediato futuro me invitó a acompañarlos.

–¿Qué van a hacer ustedes? – Les interrogué –

–Nos vamos a tomar varios días de vacaciones y mientras nos pagan una cuenta, queremos conocer selva – Dijo uno

–¿Cuánto hay que pagar? –Pregunté–.

–Estamos haciendo cuentas, tenemos que llegar en avión a una pista, pero como somos 4 y hay que llevar víveres para 15 días y un poco de combustible, son necesarios 2 vuelos–

Se refería a un Cessna 172 XP de un piloto que tenía su avión en Mitú. Es un monomotor de 3 pasajeros. Compramos víveres y llegamos a una pista llamada Utuya en medio de los ríos Papurí y Piraparaná. El terreno era arenoso y con muchos nidos de hormigas. Le dijimos al piloto, Hugo Pineda:

–Bueno hermano, vuelva por nosotros en 15 días.

–Listo –Dijo–.

El piloto aceleró el avión y despegó después de un gesto de despedida con la mano. Estábamos en plena selva 5 personas. Alfonso, quien me había invitado, estaba acompañado de otra persona que conocía esa región. Los otros 2, de Bogotá, eran amigos de Alfonso, pero jamás habían estado en selva. El guía nos invitó a que tomáramos las maletas y lo siguiéramos.

A 20 minutos de camino por la selva encontramos un rancho indígena abandonado, nos instalamos, colgamos hamacas, prendimos radios para oír música o noticias y nos dedicamos a explorar los entornos.

Había cerca un arroyo pequeño (caño), rodeado todo de monte tenía 4 metros de ancho, sus aguas cristalinas y muy frescas nos llegaban a las rodillas. Tomamos un baño, con precauciones, porque a menudo descendían serpientes «coral de agua», iguales a las de tierra pero con la diferencia que su cola terminaba en una aleta. Mientras unos se bañaban a totumadas los otros permanecían vigilando el cauce para prevenirnos de las corales. Cada rato había que salir, pues los que vigilaban veían una.

Al día siguiente recibimos una visita, como había previsto Ávila, el guía. Era un indígena de nombre Mateo con 2 hijos de 16 y 18 años aproximadamente. Después de las palabras de rigor y demás, le pregunté:
¿Hay mucho tigre en esta parte?
–No mucho –Dijo Mateo–.
Aquí abro un paréntesis para comentar algo sobre la idiosincrasia de los aborígenes. Pueden ser, para nuestra manera de ver las cosas, algo desconfiados por la carencia de conocimientos de nuestro ámbito, pero son muy observadores y maliciosos. Si un político a la caza de sus votos llega a un caserío indígena pregunta:
–¿Qué partido político les gusta a ustedes?
–¿Cuál es su partido? –Le replican–.
El político informa su filiación política.
–¡Ah! –Ese mismo es el de nosotros–. Le contestan simulando sorpresa por la coincidencia. Cierro paréntesis.
Eso de dormir en hamaca, boca arriba, incrementan mis ronquidos que no es crónica ni insoportable, creo yo. Las primeras noches los mortifiqué un poco ya que a la madrugada decían, ojerosos, que no habían podido dormir pero después se acostumbraron ya que al preguntarles si yo había roncado decían que no se habían dado cuenta.
Habíamos visto huellas de tigre en la arena de la pista y en el trayecto al caño. Teníamos para esa eventualidad una escopeta «Paloma» brasilera, calibre 20, dos cajas de cartucho y yo le pedía prestado un viejo revólver, con 4 tiros que llevaba Ávila, cada vez que íbamos a baño al caño. A los 8 días de nuestra estadía, y después de pasar las noches jugando naipes, y de día recorriendo la zona, tuvimos un encuentro sorpresivo. A las 5 de la tarde estábamos de regreso de bañarnos en el río, Mateo y sus dos hijos, iban adelante de mí y los demás atrás, en fila india como corresponde en esos lugares. De pronto vi a Mateo detenerse sorpresivamente y quedarse quieto mirando hacia delante. Pensé que había oído o visto un tigre.
–¿Qué pasa Mateo? –Le pregunté–
–Gente –Me contestó, sin dejar de mirar hacia adelante–.
–¿Familia o amigos suyos?
–No –Dijo–.
En esa zona, a raíz de los abusos cometidos por los caucheros hacía más de 40 años, unos indígenas se habían alejado de los grandes ríos para evitar la presencia extraña. Solamente los Cubeos, Guananos y

otros se habían asimilado rápido a los fuertes y dramáticos cambios. Eso pasó por mi mente en pocos segundos, ya que había leído crónicas de varios conquistadores quienes en el siglo XVI exploraron esas selvas.

–¿Quiénes son, Mateo?

–No sé –dijo–.

–Vaya y pregúnteles que quieren –Le insinué–.

Mateo como indígena conocedor de selva, había intuido la presencia humana cerca de la maloca que habitábamos por la ausencia, entre otros detalles, del ruido de pájaros y grillos. Mateo avanzó despacio, los demás nos quedamos quietos, lo siguieron sus hijos en silencio. Desde donde yo estaba no alcanzaba a divisar la maloca, la cual quedaba a la vuelta de una curva, todo era selva. A los cinco minutos regresó, con rostro de tranquilidad.

–Son Tatuyos, hermanos míos –dijo–.

«Hermanos» quería decir que eran indígenas conocidos. Tatuyo es una etnia o familia lingüística. Reanudamos la marcha, yo esperaba ver a indígenas como cuando llegó Mateo, vestido con ropa vieja desteñida, descalzo pero sonriente. Divisé la maloca pero no vi a nadie. De pronto salieron de la espesura dos indígenas, delante mío, altos, cobrizos, con la cara pintada de varios colores, con collares y brazaletes arcos y flechas, cerbatanas de 2 metros de largo con la que disparaban dardos envenenados, además de un arma arrojadiza la cual conocí en el Guainía llamada zagayas, son varas muy fuertes y en la punta unas filosas puyas hechas de metal o con unas fuertes espinas durísimas, bien aferradas con bejucos y un pegante parecido al neme, que extraen de un árbol.

Tenían una bolsita, cerrada con un bejuquito, elaborada con una corteza especial, amarrada con un bejuco a la cintura. –¿Qué era? – Dentro de ella cargaban entre ceniza, un carbón en brasa. Reunían unas hojitas secas, sacaban su carbón de entre la ceniza, lo ponían en medio de las hojas, soplaban, el carbón se encendía otra vez, prendían fuego a las hojas, lo volvían a guardar: Era su encendedor.

Mucho tiempo después, cuando yo contaba esta historia a un alcalde y amigo de Inírida, al calor de unos tragos se tomó la cabeza con las dos manos, abrió los ojos desmesuradamente y exclamó:

–¡Ya comenzó a hablar mierda, no se puede tomar un trago!

De ahí en adelante me prometí no contarle a nadie mis experiencias vividas. Hasta hoy.

Estaban serios, sus órganos genitales recogidos con una especie de tela de una palmera y sujeta con un bejuco muy resistente. La sorpresa mía fue total. Supongo que palidecí, porque supuse que no estaban solos, muchos más estarían escondidos, nos observaban, nosotros éramos los invasores a su territorio. Ellos eran guerreros.

Al menos, por su indumentaria y arsenal no era una excursión de pesca o recolección de frutos, no estaban acompañados por mujeres. Este detalle me hizo recelar y permanecer alerta. Sus abuelos y padres les recuerdan, muy seguramente los atropellos que antaño cometieron los «caucheros» con ellos. Por esta razón viven lejos e los grandes ríos. Yo guardé mis temores y permanecí mudo.

Mateo callado, los indígenas mirándome fijamente sin ninguna expresión en su rostro, yo serio también.

Siempre me he preguntado por qué cuando yo estoy en determinadas situaciones los demás no se asustan –según ellos mismos– y yo sí. En el curso de paracaidismo, desde el primer salto al último, me preguntaba: ¿Qué hago yo aquí? ¿Y si no abre el de reserva? Mejor sería en estos momentos estar sentado en un sofá, leyendo un buen libro. Tiempo más tarde en experiencias de aviación sucedía lo mismo: Escuchaba historias de peligro en las cuales mis amigos pilotos sorteaban situaciones críticas con las mejillas sonrosadas y tranquilos. A mí, mortal común y corriente siempre me toca la dispendiosa tarea de vencer el miedo.

Los indígenas seguían serios. Si son hostiles, pensaba, yo tenía 4 balas en el revólver que me prestaba Ávila para ir al río a bañarnos, atrás estaba la escopeta con varios cartuchos pero la tenía un hijo de Mateo.

Pueda que nadie me crea pero recordé rápidamente el viejo cuento del Llanero Solitario y su fiel Toro. Estaban atrincherados el Llanero Solitario y Toro, cercados por indios liándose a tiros cuando de pronto se le acabaron las balas al Llanero:

–¿Qué hacemos, Toro? –Preguntó al pielroja amigo–.

Toro, mirando el gran número de atacantes respondió:

–¿Hacemos?. ¿Qué hará usted, cara pálida?....

–Mateo. Dígales que somos amigos suyos y vamos de paso –Dije, rompiendo el silencio–.

Él les habló en su lengua y ellos le contestaron. Al instante comenzaron a salir de todas partes eran 20. Todos iguales, desnudos, pintados y armados hasta los dientes. Nunca mejor dicha la anterior expresión. Ya tranquilos, sonreían y hablaban, al tiempo que mostraban sus dientes terminados en punta en forma de v. Para ellos es sinónimo de valor y orgullo tenerlos así. A 10 metros de la maloca teníamos instalada nuestra cocina, despensa y dormíamos alrededor, el rancho tenía un techo de palma, el cual habíamos arreglado. Mateo nos contó que ellos iban de paso. No creí mucho esa versión, vieron de las colinas distantes el descenso del avión y planearon esa inspección. Como muestra de nuestra inofensiva presencia en ese lugar les regalamos panela, arroz, fríjol, café y cigarrillos, provisión que más tarde nos haría falta.

Esa noche prepararon hojas de coca y yarumo para el «mambeo». Las reducen a cenizas macerándolas a golpes con un martillo de madera en una vasija o pilón elaborado con el tronco de un árbol. Tá, tá, tá, toda la noche, y hablen, rían, griten, todos al tiempo. Los indígenas de estas selvas también emplean una planta llamada yagé para sus ritos mágico–religiosos. Dicen que produce alucinaciones, alteraciones de conciencia y para su consumo se necesita preparación que la imparten sus chamanes. Se ponen en contacto –según me dijo uno– con la tierra, el agua, la selva y sus habitantes.

Ojalá los ciudadanos proclives a las adicciones, en las naciones desarrolladas, no se interesen en su consumo.

Sería otra tragedia para los indígenas de la región amazónica, peor que la de la coca.

A las 5 de la mañana no los oí más. Se habían marchado. Los demás, aparte de Mateo y sus dos hijos, respondieron al preguntarles si habían sentido temor:

–¿Miedo yo? – Que va, dormí como un tronco.

–¿Susto ayer? – ¿De qué?

–¿Ruido toda la noche? ¿Cuál? Yo me quedé dormido.

Estuve, toda la noche con el revólver de Ávila en el pecho. No pude conciliar el sueño. Deseaba en ese momento el regreso del avión ya que nuestras provisiones disminuyeron drásticamente.

MENSAJES LUMINOSOS

Un día estábamos en la pista de aterrizaje cuando oímos a lo lejos un ruido de avión.

–Ese avión va de Teresita[16] a Mitú – Dijo Ávila mirando hacia la dirección del ruido. Solamente se veían nubes blancas contrastando con un límpido cielo azul.

Yo sospechaba que eran los mismos abejorros cuyo aleteo a lo lejos se asemeja al ruido de un avión.

–No –Dijo Avila– Es un avión. Lo que pasa es que está muy lejos y por eso no lo vemos.

Ahora el ruido del motor era un poco más audible, pero no lo divisábamos. Estaba cruzando frente a nosotros a más de 20 kilómetros. A esa distancia es irreconocible un pequeño avión. Se me ocurrió enviar mensajes luminosos. El reflejo del sol de mi pequeño espejo de bolsillo se ensancharía con la distancia y cubriría una gran extensión del cielo. Inmediatamente clavé en el suelo una vara y con un espejo envié reflejos de sol hacia el sitio del cielo, de donde provenía el ruido. La vara es para asegurar una línea recta entre la zona del cielo de donde provenía el ruido, la vara y mi espejo, al alumbrar el palo, sabía que era una recta y se dirigía hacia la región que yo deseara. El ruido continuó unos minutos apagándose, el avión debía estar a 20 kilómetros, estábamos en una colina y yo con mi truco luminoso. De pronto, el ruido cambió, el guía Ávila dijo:

–¡Se devolvió!. No lo puedo creer –Gritó–.

A los 10 minutos aterrizó el mismo Cessna 172 XP que nos había traido.

–¿Por qué se devolvió para acá? – Le preguntó el más escéptico de mi método utilizado.

–Yo iba tranquilo mirando en la dirección de Mitú, cuando sentí a mi izquierda unos reflejos fuertes. Puse atención y el brillo aparecía y desaparecía. No sabía que podía ser –Nos manifestó Hugo– De pronto se me ocurrió que podrían ser ustedes enviando señales.

Al dueño del avión lo vi hace varios años de instructor de vuelo en una escuela de aviación en Villavicencio.

A Hugo le solicitamos víveres, le dimos una lista, y los que hacía algunos momentos queríamos salir de allí rápido, sin ponernos de acuerdo previamente, decidimos seguir con la aventura.

–Capitán– Por favor no se demore en traernos esta lista de víveres. Ya casi no tenemos y pensamos demorarnos 8 días más– Le dije a Hugo.

–Listo.

Nos despedimos alegremente. Nunca más lo volví a ver.

¡Qué inocentes!

No alcanzamos a vislumbrar lo que nos tenía preparado el destino.¿Ustedes quieren aventuras? Pues íbamos a tener varias para arrepentirnos de nuestra decisión. El avión se elevó y puso rumbo a Mitú. Elaboramos planes para conocer unos parajes que Mateo dijo eran muy especiales. Esa pista que solo era un potrero en la cima de una colina estaba «minada» de hormigas conocidas con el nombre de arrieras, en fila india llevan unas hojitas partidas introduciéndolas en sus hormigueros. El potrero estaba siendo minado con este método. Pasábamos todas las tardes en la pista, con el oído atento a un ruido de avión. Los incrédulos de mi método, ahora estaban cada uno con una vara y un espejo listos. A los cinco días no había qué comer, aunque teníamos una vieja escopeta, los cartuchos y las pilas para las linternas se habían agotado, y eso es casi tan grave como no tener municiones porque: ¿Cómo íbamos a cazar de noche?

Los únicos animales salvajes que salen a la luz del día para que les tomen fotografías son los del parque de África Serengueti, según se puede ver por TV., los demás se deben buscar de noche. Al menos, los de Suramérica. Por estos lados, no son tan ingenuos. Subdesarrollados, tal vez. Todos los depredadores cazan de noche, cuando salen la mayoría de animales a comer.

A los 10 días de espera y sin medio de comunicación, decidimos si llegaba el avión devolvernos inmediatamente. Mateo tenía, en su casa, un motor (6HP) averiado, tampoco tenía comida, solo la de ellos, yuca brava y frutos de monte, de vez en cuando carne, pero sin pilas eléctricas para las linternas era imposible cazar. Un día encontramos una pava de monte cerca al caño donde nos bañábamos, la matamos de un tiro de escopeta. Alcanzó solo para una comida. Solo el animalejo desplumado toscamente, sin cabeza, vísceras ni patas en una olla con agua y un poco de sal. El único aliño era nuestra hambre.

Desde el principio de éste viaje decidimos de común acuerdo que todas las noches jugaríamos a los naipes. Quien perdiera debía cocinar al día siguiente. Afortunadamente nunca perdí y estuve libre de esa tarea. Un día, mucho antes que faltaran los víveres, protestaron por mi buena suerte. Todos los días, por la mañana se preparaba la misma comida para todo el día: Fríjoles con arroz en una sola vasija grande.

–No es justo que usted no cocine nunca– Me dijeron.

–Si quieren mañana cocino yo– Les dije

–Bueno– Contestaron alegres

Imité los pasos que había visto hacer. Solamente pregunté cuanta sal se agregaba. A las 9 de la mañana la olla estaba humeante y todos se dispusieron a servirse.

–¿Qué es esto?– Dijo alguien

Todos se acercaron a examinar la olla. Yo también estaba extrañado por la pregunta. Para servir había que cortar como un ponqué y los fríjoles estaban durísimos. Jamás se volvieron a quejar de mi suerte en los naipes. Ese día nadie me habló.

Cuando estábamos en la pista, esperando el avión, todos escuchamos su ruido pero, al cerciorarnos mejor nos dimos cuenta que era el zumbido de un abejorro o cualquier otro sonido emitido por los animales de la selva. Por las noches, acostumbrados a nuestra presencia, ahora los animales nocturnos efectuaban sus habituales sonidos o voces, desde ranas que hacían como un toro, micos que bramaban como un tigre, era un concierto muy singular. que con hambre y sin víveres se tornaba trágico. Realizamos una reunión para decidir que hacer. Estábamos entre el río Piraparaná y el río Papurí, en medio de selva. El más cerca, el Papurí quedaba a cinco horas de camino, el otro a un día. No teníamos motor fuera de borda. Decidimos enviar una comisión de 2 personas hacia el Papurí a ver si encontraban una canoa o a alguien que nos ayudara. Regresaron a los dos días sin conseguir nada. El caserío más cercano río abajo en canoa, estaba a dos días. ¿Y sí allí nadie tenía motor fuera de borda?. Marchamos todos hacia el Piraparaná, no sin antes dejar una nota en la pista clavada en un palo «nos fuimos para el Piraparaná, no tenemos comida».

Allá todavía debe estar el papelito porque, mucho tiempo después supimos que el avión se había accidentado. Es muy difícil identificar, seguir y caminar por las trochas de la selva intrincada. Al cabo de dos horas es agotador: Agáchese aquí, levante los pies allá porque hay troncos derribados, cuidado toma con las manos ese bejuco porque se espina, vuelva y agáchese, otro tronco, cuidado pisa una serpiente...

Fueron largas 8 horas de caminata, mejor sería decir calistenia El río Piraparaná es de color rojo—negro, por una resina vegetal que abunda; alberga animalitos que es mejor verlos por los canales Discovery o Animal Planet. En mis viajes en el Guainía, por los ríos Inírida y Atabapo (nunca en el Guaviare), en días muy calurosos, apagaba el motor, me ponía una pantaloneta, y en medio del río: —¡Al agua!— ¡Que refrescante! Eran ríos muy anchos. A medio día los posibles peligros, pirañas o trembladores, estaban por las orillas. Solamente merodeaban a esa hora los delfines de agua dulce, que por esos lados les dicen Toninas. Aquí en el Vaupés era muy precavido, cruzamos el río por un paso angosto, ese río tiene piso de piedra granítica, son formaciones del Escudo Guayanés o Guyanés según dicen los entendidos.

Mateo nos había dicho que, a 3 horas más de viaje, selva adentro tenía unos «hermanos» y allí había comida. Dormimos cerca al río y al otro día, muy temprano, emprendimos camino. En verdad no existe camino porque no se ve la persona que va adelante. Llegamos a una pequeña corriente de agua, allí había mujeres y niños. Estaban todos desnudos. Al vernos salieron corriendo dando gritos.

–Mateo – Le dijimos – Vaya rápido y avíseles que somos amigos de Usted.

Mateo salió detrás de esa algarabía. A la hora regresó solo. Nos dijo que todos estaban bien, que nos esperaban. El caserío estaba a 20 minutos. Tenía una entrada espectacular, comenzamos a subir unas suaves colinas pasando por debajo de una cascada que caía a 15 metros abajo a un remanso de unos 15 metros de diámetro donde la salida del agua se perdía en el follaje. Allí no se bañaban porque divisamos unos enormes guíos asoleándose en las orillas, eran las famosas Anaconda que en Colombia llamamos guio negro. Por estas partes y en general por toda la selva no matan a los guíos. Después de la cascada, a los 8 minutos llegamos a una colina inmensa, en la mitad había dos malocas, a su alrededor como trazado con una regla y compás, había sembrados de yuca brava, yuca dulce, plátano y caimarones. Esta última fruta es parecida a la uva pero mucho más grande.

Un poco retirado estaba el infaltable sembrado de coca, parte de su acerbo cultural, para el «mambeo» y prácticas mágico – religiosas. Las hojas de coca las queman un poco y las muelen, le agregan otras hojas secas y ése producto lo mascan un tiempo y luego lo botan : ése es el mambeo. Eran algo así como 100 plantas muy bien alineadas y cuidadas. Todos los cultivos estaban, desyerbados y limpios.

Las mujeres habían salido del arroyo desnudas, pero ahora nos observaban desde lejos con sus hijos, pero vestidas con faldas y blusas que no sabía uno de qué color fueron algún día. Los hombres estaban aparte y al frente del que parecía «el capitán». Así llaman a los jefes, éste era alto, con la misma indumentaria de los Tatuyos, sin pintura en la cara. Los dientes afilados. Solo uno que otro tenía una cerbatana o Zagaya en la mano. Eran Tatuyos. Mateo sirvió de intérprete.

En líneas anteriores expresé que por estos alrededores, el primer blanco que estuvo fue Nicolás de Federmán y Spira. Al mando de destacamentos Europeos, quienes seguramente, tuvieron relaciones con indígenas.

Yo había visto, por el río Querarí, algunas indígenas de cabello rubio y ojos claros, al ser indagados por la causa responden:

–Yo no sé, a veces salen así –.

Son genes recesivos que hacen su aparición de tiempo a tiempo.

Allí había una indígena de 15 años, un poco más alta que los demás, pelo castaño claro, ojos color miel. También ella se había puesto esos harapos y nos observaba desde lejos con un niño en la cadera, en su entorno todos los demás niños nos miraban recelosos. Nosotros éramos Ávila, Alfonso (El proveedor), un empleado suyo medio indígena, Mateo, sus dos hijos y yo, que estaba flaco, barbado, y era la primera vez que los niños veían alguien con barba. Después me enteré que llegaron a la maloca gritando: ¡El diablo, El diablo!

Al otro día por la mañana, los niños y las mujeres, para ir al río a bañarse tomaron otro camino, ya que por donde nos levantaron los ranchos, era el camino habitual para ir al arroyo. Por las noches todos los hombres se reunían a «mambear» y a hablar tomando chicha, bebida alcohólica, de chontaduro, una fruta regional deliciosa. Entré en confianza rápidamente y por intermedio de Mateo, me unía a ellos todas las noches; tomaba solo chicha, porque el mambeo es parecido al chimú[17] de los araucanos y le duerme a uno la boca. Lo probé una vez, inmediatamente lo escupí. A los indígenas les causó gracia.

En medio de la charla, yo estaba aprendiendo su lengua, tenía un cuaderno y un lápiz. Todavía recuerdo varias palabras, su fonética es parecida al japonés o chino. Tiene muchas K por ejemplo selva es Makaroka. Mujer bonita es kamamoa kore. En realidad aprendí lo básico por si en el futuro me encontraba con Tatuayos. Los demás amigos de la expedición se limitaban a permanecer en sus hamacas. Yo era el único que socializaba con los indígenas.

Una noche les pregunté por intermedio de Mateo, mi traductor:

–¿Cuánto hacía que no veían por sus comarcas un hombre como yo?–

Uno de los más ancianos contestó:

–Uh – Cogiéndose la cabeza – Yo taba joven, en ese tiempo mucho blanco malo coger indio pa´ caucho. (Traducción de Mateo)

¿Cuánto tiempo hace? Le pregunté

–Uh – comenzó a mirar para arriba y a hacer cuentas con los dedos diciéndole algo a Mateo.

–Como más de 30 años – dijo Mateo.

Estábamos en 1985, y calculé que desde la Segunda Guerra Mundial, por errores muy comunes de Aritmética de ellos.

–¿Cuál fue el último blanco que vino por acá?

–Un paisa –

–¿Dónde vivía, qué hacía?

Todos con el bocado de hojas de coca (mambeo), señalaron un lugar de la selva, con la mano mirándome fijamente.

–¿Qué pasó con él? –pregunté–

Tan pronto hice la pregunta todos miraban a Mateo esperando la traducción cuando les habló comenzaron a hablar entre ellos y le dijeron algo a su «hermano», Mateo me miró a los ojos: ·

–No saben nada –

–¿Dónde está ahora?, ¿Se marchó? – Le pregunté

Mateo un poco vacilante manifestó

–No, no.

–¿Se murió?

–Sí – dijo Mateo

¿Dónde está enterrado?

Charló con los Tatuyos

–No saben – dijo finalmente

Yo quería comprobar mi sospecha, ya que los indígenas ancianos del río Querarí, me comentaron que en tiempos lejanos, cuando combatían con sus enemigos a veces (insistían en eso) se comían cocinados al humo, al derrotado. En Europa, sin embargo, a los contradictores religiosos se les enviaba a la hoguera después de una vigilada tortura. Hace muchos años, cuando ya existían los internados fundados por Montfortianos, estos se escandalizaron, cuando descubrieron que no era mico ahumado (Moquiado) lo que un indígena le llevaba a su hijo estudiante.

¿Se lo comieron? Mateo –le pregunté–

Mateo después de unos instantes de duda dijo:

–Sí

Y a modo de disculpa agregó:

–Era muy malo

En la época de las caucherías, cuya capital mundial fue Manaos (Brasil) los caucheros reclutaban indígenas a la fuerza, para recoger el caucho de los árboles. Eran convertidos en esclavos y marcados como ganado, el caucho era indispensable para fabricar las llantas de aviones y vehículos de los aliados en la Segunda Guerra mundial, principalmente, aunque en la primera también. Es la misma historia, con la guerra se enriquecen unos pocos, a costa del sufrimiento de muchos.

Ya un poco distensionado el ambiente, en aquella noche, me comentaron en medio de risas, chicha de contaduro y mambeo, que la parte más rica del cuerpo humano son las palmas de las manos, los glúteos y los muslos. Yo aparentaba divertirme y me alegré de mi aspecto en esos momentos. Mi estatura es de 1.78 metros y normalmente pesaba 70 kilos, pero ahora estaría pesando 60 kilos, y sumado a lo demacrado por dormir casi a la intemperie, barba, bigote abundante descuidado, sin desodorante hacía mucho tiempo, no creo que constituyera un apetitoso bocado, por el aspecto y aroma.

COMPROMISO CON TATUYA

Ya entrando en confianza una noche, le pregunté al capitán si la indígena de cabello casi rubio era su hija. Me contestó que sí, ella tenía 15 años e iba a ser la mujer de un «hermano Carapaná que vivía a un día de camino. Me aventuré a pedirle, tal vez por la chicha de chontaduro que si yo la quería a ella qué tenía que hacer. Conversó con Mateo y yo esperando que no estuviera enojado mi potencial suegro, finalmente Mateo me dijo:

–Sí aceptan pero con condiciones. Debe traer una escopeta Paloma nueva, calibre 16 (insistió, no 20) y dos cajas de cartuchos. No puede llevársela para Villavicencio, porque allá la ponen de sirvienta, debe vivir aquí, le hacen una maloca para UD y debe trabajar con ellos como cualquier indígena–

Ahora, al recordar esto, me sorprende la analogía con un caso en Jordania, el cual relataré más adelante, cuando a orillas del mar muerto, un jordano, me preguntó si me gustaban las mujeres árabes. Al poco tiempo me presentó una familia jordana con dos bellas hijas. Me comprometí con una de ellas y la dote que el padre me pidió fue en dólares. Algo va de escopeta calibre 16 a dólares.

RUMBO A SONAÑA

A los 5 días emprendí, con Daniel, hijo de Mateo, viaje hacia Sónaña, un caserío indígena con escuela, puesto de salud y radiocomunicaciones, con el fin de comunicarme con Mitú para conseguir víveres o pasajes aéreos para que vinieran a recogernos. Yo había arreglado un motor de fuera de borda de 6 HP y lo colocamos en un bongo (canoa) con capacidad para 4 personas.

Solamente existía en ese entonces un avión de base en Mitú el CESSNA 172 XP y por la demora pensamos que se había dañado. El plan era este: Bajar a Sonaña, averiguar por radioteléfono que le había pasado al avión y si no podía venir comprar víveres y regresar donde los Tatuyos para emprender viaje a Mitú por selva. No había otra solución. Si conseguía avión, enviar una embarcación más grande por los demás. Yo le había dicho al capitán indígena que cuando regresáramos a Mitú, yo volvería a los pocos días con la escopeta de marca Paloma, de calibre 16 y 2 cajas de cartuchos. Con la chica no podía hablar todavía según sus costumbres. Se presenta una curiosa similitud con mi compromiso matrimonial en Jordania. Allá tampoco podía verla ni hablar por teléfono con ella. Solamente hasta después del enlace matrimonial por el rito musulmán.

El motor de 6HP, aparecido como de la nada, estaba aceitado y en buenas condiciones. Lo desbaratamos y limpiamos los cilindros bujías y demás accesorios. Lo llevamos hasta orillas del río Piraparaná, lo montamos en la única canoa (bongo) que había; reforzamos el «espejo», que es la parte de la popa donde se coloca el motor y quedó todo listo para el viaje.

El viaje, sin contratiempos graves, duró más de 6 horas, esquivando grandes piedras a flor de agua. Por la fragilidad de la embarcación, apta solo para transportar personas en aguas tranquilas, es muy peligroso pasar por grandes piedras y corrientes fuertes de agua. La situación es diferente cuando las embarcaciones son de goma especialmente diseñadas para esos casos. Igualmente los tripulantes deben llevar cascos y salvavidas. Por estos lares si la embarcación zozobra en zonas muy peligrosas de los ríos, se vuelve añicos por los choques con las piedras y la tragedia es segura.

Había, en realidad, que conocer bien de «agua» como se dice por esas regiones, para saber por donde es el paso y no chocar la hélice con las piedras que no se ven. Solamente tuvimos una demora de 1 hora, cuando se dañó la bomba de agua, refrigerador del motor. Con una bolsita de plástico que, coincidencialmente, yo tenía en mi equipaje, reemplacé el diafragma, que era el que se había roto y continuamos el viaje. A las 4 de la tarde encontramos en una orilla, a unos indígenas que habían matado una danta (Tapir Americano) que estaba cruzando el río. Nos regalaron una pierna completa que estaba ya ahumada (asada con el humo de troncos y ramas, «moquiada» le dicen), después de comer una parte llegamos a Sónaña a las 5:30 pm. Los estudiantes estaban a esa hora en baño, al verme salieron corriendo y las monjas atrás. Gritaban en su lengua vernácula: «llegó el diablo». La presencia de Daniel ayudó a distencionar el ambiente, posteriormente en el puesto de salud, el enfermero indígena, conocido mío desde Mitú me ofreció ayuda para enviar un mensaje por el radio—teléfono, cuando se comunicara con el servicio de salud.

A 7 PM me comuniqué con Teodora quien trabajaba de enfermera en el hospital:

–¿Libardo? ¿Usted qué hace por allá? –Preguntó–.

–Después le cuento, por favor Teodora necesito que me haga un favor. ¿El avión del capitán Armando Vega está en Mitú? Cambio –Le dije–.

–El avión se cayó en el río hace varios días –Dijo Teodora–.

–¡Cómo va a ser! ¿Qué le pasó a Hugo?

–Nada. El avión lo tenía Armando pero solo se fracturó una mano – Respondió–.

–Teodora – Por favor si alguien tiene un vuelo para acá necesito que me mande lo siguiente – le dije...

Le di una lista de pocos víveres para nosotros en la travesía por selva, ya que no se me ocurrió otra cosa. Si llegaba un avión pronto era para llevar unas monjas de regreso a Mitú. La conversación fue hecha desde el radioteléfono del puesto de salud, una construcción de madera, y techo de Zinc, pintada toda de blanco, y techado. Muchos indígenas escuchaban con los ojos y oídos bien abiertos y la boca cerrada, la mayoría eran estudiantes del internado cuya directora era una monja.

Al otro día, a las 5 am., yo estaba durmiendo en mi hamaca, en un rancho que tenía solamente techo de zinc, sin paredes, y las vigas sostenidas por fuertes troncos.

Me despertó un ruido producido por canecas rodando. Desde donde yo estaba pude ver a monjas y alumnos dándole vueltas a canecas vacías, las cuales subían por una ligera pendiente hasta la pista aérea, la cual quedaba en una loma a 50 metros del internado.

Mucho tiempo después, cuando regresé a Mitú, me enteré del motivo. Los que oyeron mi comunicación por radio – teléfono fueron a contarle a las monjas, esa misma noche ellas se comunicaron con monseñor Belarmino, Prefecto Apostólico en Mitú.

La conversación –según me comentaron varias fuentes después– fue más o menos así:

–Monseñor Belarmino. Hoy llegó aquí un tipo todo barbado, armado (yo tenía la escopeta) y esta noche se comunicó con Villavicencio para pedir un avión DC– 3 para que le trajera un poco de cosas...

–¿Es guerrillero o traficante de coca?

–No sabemos pero tiene cara de ambos –Le contestaron–.

–¿Qué pidió por radio?

–Víveres, pero por bultos, y otras cosas raras.

Yo había pedido a Teodora, además de víveres, pilas, bombillas para linterna, jabón, crema dental, papel higiénico, nada más, ¡Todo pesaría, algo así, como 10 kilos!

–¿Cuándo le llega el vuelo? –Prosiguió monseñor–.

–Tal vez mañana – Le respondieron

–Madruguen y pongan canecas en la pista para que no pueda aterrizar el avión, yo voy a arreglar un viaje para allá tan pronto pueda.

Después de observar a las monjas y sus ayudantes, sudorosos en medio de gran alboroto colocar las canecas en la pista, El enfermero me invitó a desayunar y dijo:

–Las monjas pusieron canecas, si esperan avión no puede aterrizar.

Siempre tomo rápidamente las decisiones, pueda que sean equivocadas, nunca demoradas. Decidí regresar inmediatamente. Envié a Daniel a comprar víveres en el único almacén de la localidad, administrado por las monjas. Regresó con el dinero.

–No venden nada.

–¿Cómo, no hay nada?

–No.

Entendí. Recordé que teníamos la pierna de danta. Pesaba unos 10 kilos. Pregunté a como estaba el kilo por esos lados y tras rápidos cálculos le dije a Daniel:

–Regrese donde las monjas y cambie esta pierna de danta por sal, azúcar arroz, fríjol, panela, aceite, pan, lenteja. Regresó a los 15 minutos sin nada en las manos

¿Los víveres? ¿Dónde están? –Pregunté–.

–No dieron víveres, solo dinero.

Me entregó unos billetes.

–¡Ah! Monjas. –Pensé–.

Hasta medio día traté de adquirir víveres. Envié, nuevamente, a Daniel a donde las monjas a comprar unos kilos de la pierna de danta, o que deshiciéramos el negocio. Le di el dinero.

–No señor. Monjas dicen que no venden –Dijo al regreso–.

Ahí terminó mi periplo por Sónaña.

Regresé a la madrugada del día siguiente, con un poco de sal, panela y arroz que el enfermero me regaló. No aceptó dinero. Ya río arriba, la demora fue mayor. Ese mismo día a la 1:30 PM estábamos empujando la embarcación con Daniel, cuando cruzó en dirección a Sónaña, un avión monomotor procedente de Mitú. No lo vimos pero escuchamos claramente el ruido del motor.

–Ahí va avioneta para Sónaña –Dijo Daniel–.

Posteriormente me enteré que efectivamente era cierto. Ya no teníamos tiempo para regresar. Llegamos de noche a la aldea de los Tatuyos, donde nos recibieron esperanzados.

–Alistemos todo y regresemos a Mitú por nuestros propios medios: Caminando

Fue la decisión unánime. El plan era remontar el río Piraparaná, dejar la embarcación, atravesar por selva un trecho hasta el río Yí, donde montaríamos el motor fuera de borda a otra embarcación y bajaríamos hasta el río Vaupés.

Ya en ese río se nos facilitaban las cosas por el continuo tránsito de embarcaciones. Mateo iría con nosotros hasta Mitú. Era quien conocía la selva y sus senderos. Pero tendría que llevar a más familia. Después de una corta despedida y aprovisionarnos de mañoco (Fariña), casabe (arepa indígena hecha de yuca brava) pescado ahumado, caimarones y plátanos, emprendimos el regreso.

No pude despedirme de la muchacha hija del capitán, aunque ya las miradas las cruzábamos de lejos. Como había conseguido máquina de afeitar, la usé para mejorar mi apariencia. Le hice una seña con la mano. Nunca más la vi.

Lástima, pienso. Pudiera estar hoy como un indígena, comiendo acurrucado, trabajando en las labores comunitarias, cazando y pescando, pero con una linda mujercita a mi lado sin televisión, realities, democracias manipuladas, sin grupos ilegales armados... Un paraíso.

Nos demoramos dos días en regresar a la pista. Mateo se fue para su casa, a alistar también el viaje que emprenderíamos pronto. Nunca me sentí enfermo, aunque había mucho zancudo.

Mientras preparábamos el viaje resolvimos conseguir víveres en un sitio indígena llamado Yapú. El encargado de efectuarlo fui yo en compañía Daniel, los demás se quedaron esperando en Utuya. Encontramos una vieja canoa (bongo), montamos el motor y emprendimos el viaje río abajo. A las 6 de la tarde arribamos a Yapú donde era conocido el hijo de Mateo quien se alojó en casa de unos amigos y yo en una casa cerca del río. Preparé mi hamaca, toldillo y me acosté a descansar ya que estaba agotado. A las 11 de la noche me despertó la voz de una mujer, quien desde una habitación, entonaba unos cánticos en su lengua, con una melodía triste y melancólica, a la hora se calló. Me contaron que ese día había recibido la noticia de la muerte de una hermana suya, en una localidad lejana. En realidad ese canto nunca lo olvidaré. Yo tenía una pequeña grabadora sin pilas, de lo contrario tendría un testimonio conmovedor. Por la mañana me acerqué al Internado, solamente había un profesor y su esposa. Al entrar estaban comiendo y para mi sorpresa el profesor era un ex alumno, Ernesto Becerra. Él era oriundo del Vaupés.

–¡Hola profesor!, ¿Qué hace aquí? –Me preguntó–.

–¡Hola Becerra, no sabe cuanto me alegra encontrarlo aquí! –Le dije–.

Después de compartir la mesa, con una suculenta, comida, y amena charla, le comenté el motivo de mi visita.

–Aquí solamente hay una tienda administrada por el capitán (jefe indígena local) –Dijo–.

En la tienda, me di cuenta que solo había existencia de mañoco y casabe. Mala noticia. No tenía ni pilas. Tampoco había radiocomunicaciones. Al menos eso me manifestó. Por la tarde llegó un avión monomotor a la pista del caserío. Todos nos dirigimos allí. Era un Cessna plano alto, SUPER STOL (Short Take off and Landing), es decir aterriza y despega en pistas muy cortas. El piloto, de una secta evangélica de Estados Unidos, según supe después, se bajó, me miró de reojo, saludó a varios y se dedicó a revisar su avión. Me devolví al caserío, no quería entrometerme en sus asuntos y me dediqué a preparar mi regreso.

Yo sabía que el gringo se había sobresaltado con mi presencia. Decidí regresar lo antes posible. Casi al ocultarse el sol fui a la tienda a comprar, al menos mañoco (fariña) y casabe. El piloto tenía una casa en Yapú. Me dirigí a la tienda, él estaba solo al frente de su casa y al verme acercar, sacó una cámara fotográfica y se puso a tomar fotos a la casa grande que hacía las veces de iglesia, situada al frente de su casa.

–¡Ah! –pensé– el viejo truco de la cámara fotográfica que parece que toma fotos al frente y lo hace en realidad a un lado. Yo me acercaba a su derecha y el, como si nada obturando la cámara al frente. No sabía si era realidad mi sospecha. Pero como no tenía nada que ocultar o perder, me detuve, me quité la cachucha, y sonriendo como un tonto, efectúe una pose de modelo fotográfico de la selva. El piloto siguió en su toma y no se dio por aludido. Me acerqué a él, lo saludé. Hablaba un correcto español. Me invitó a su casa. Abrió un tonel grande, para lo cual le quitó unos anillos como bisagras. Sacó unos paquetes envueltos en papel de alumi-

nio y me pasó uno. Eran bizcochos muy deliciosos. Le agradecí su atención y me despedí. En la madrugada del otro día regresamos a Utuya. Mateo trajo a su
familia completa y otros amigos. La expedición se aumentó en varias mujeres y niños de brazos. Ellos traían sus provisiones para el viaje las cuales
sumadas a lo poco que yo había conseguido, consideramos suficientes.

EMPRENDIMOS REGRESO A MITU

Emprendimos el regreso a Mitú. Llegamos al río Papurí, donde ya los
amigos de Mateo tenían un bongo más grande, con capacidad para todos. El viaje, por río arriba, lo haríamos hasta llegar a un punto donde ya
no pudiéramos seguir por río, luego caminar por la selva, con rumbo norte, hasta llegar al río Vaupés. La travesía por el río fue normal con los
naturales contratiempos, varadas, bajarse a empujar la embarcación por
encima de grandes piedras, ver guíos en las orillas los cuales ante nuestra presencia se desenrollaban lentamente y se metían al agua.

En una ocasión para empujar la embarcación río arriba para cruzar un
sitio de grandes piedras nos lanzamos al agua con Daniel y 2 indígenas
más. Apenas podíamos poner pié en el lecho del río. Las mujeres, los
niños y los demás siguieron a bordo. Los raudales estaban cerca el uno
del otro y para no volver a subir y de nuevo bajar de la embarcación
continuamos empujando. En una de esas zonas yo estaba detrás de todos donde el próximo raudal estaba a 30 metros. De pronto Daniel y los
demás se subieron de nuevo. Permanecí solo, empujando. ¿Qué se ha-
brán creído? –Pensé– ¿Tendré que servirles de Motor?

–¿Qué pasó? –Les grité–.

Todos estaban sentados y solo les miraba las espaldas

–¿Qué pasó? –Repetí con más fuerza–.

Daniel se volteó tranquilamente señalando a un lado de la embarcación

–¡Ah! –Anaconda–.

El agua era muy clara en ese sector y pude ver, a un metro de profundidad, una anaconda amarillo oscuro de 3 metros nadando sinuosamente con
elegancia. El salto que di para subirme a la embarcación fue memorable.

A los 2 días abandonamos la embarcación y a romper selva de ahí en
adelante. No recuerdo cuánto tiempo nos demoramos en la travesía por
el río. En aquellas y otras circunstancias similares se pierde la noción de
los días, lunes o martes, o sábados y domingos, pierden su significado.

No existen las relaciones que los particularizan. Solo el día y noche. Al llegar la noche, detenernos, preparar, limpiando con machete el área donde íbamos a dormir, colgar hamaca nos dedicamos a dormir después de una magra comida. Al salir el sol, levantarnos, cuidar que una serpiente no estuviera debajo, comer algo y reemprender la caminata. La comida que llevamos se acabó antes de la primera semana. De ahí en adelante los indígenas al ver «guama de monte» (como le dicen ellos) se encaramaban a los árboles y no los bajaba nadie hasta que estuvieran satisfechos. De esa guama de monte existen muchas especies. Se diferencian de las guamas que conocemos en otros lugares de Colombia porque no son jugosas. Solo es una pepa y una telita que la recubre. Para calmar en algo el hambre, había que comer cientos de guamas. Al principio íbamos caminando en larga fila india de pronto todos los indígenas se desaparecían. Habían visto guamas y estaban encaramados comiendo. Los únicos que no subían eran los niños de pecho y sus madres. Nosotros, claro está, también comíamos por física hambre. Al poco tiempo yo era también de los primeros en divisar frutas y subirme a los árboles. Existe en esa parte de la selva, una fruta que al divisarla de lejos se parece a un mango maduro pequeño, llamada Umarí. Pero al hincarle el diente la pepa es casi toda la fruta, solamente recubierta por una pequeña cáscara parecida a una tela.

También selva adentro (Makaroka, en Tatuyo) existe un árbol, llamado Ukukí, muy alto y grueso, las primeras ramas son inalcanzables, es imponente. Su parte más alta no se puede ver por el follaje de la selva circundante, su fruto es parecido a un zapote gigante. Solamente se ven los que han caído. Estos frutos son iguales a la mayoría de todos los frutos de la selva, solo pepa, pero la delgada cáscara de este es muy deliciosa. pero con un inconveniente, como lo pude comprobar, si uno no está acostumbrado es mejor que el más eficaz de los laxantes. Esa fruta es apetecida por las dantas (Tapir Americano), allí donde hay un árbol de ésta fruta, es sitio frecuentado por ellas. Varias veces al acercarnos a estos árboles lo primero que escuchábamos, era el trote estruendoso de una danta huyendo.

De serpientes poco narro porque éstas huyen cuando sienten los pasos del hombre, pero he tenido varias experiencias con ellas desde antes de éste recorrido. Si la serpiente está en el camino y no se retira, tomo una vara flexible y le propino un fuerte golpe, si insiste en permanecer allí o ataca le doy un poco más duro y la mato. Puede que suene algo no muy ecológico y cruel pero siendo caminador habitual evito ulteriores problemas. En el mundo mueren varios miles de seres humanos anualmente por la mordedura de serpientes y eso tampoco es justo, creo yo. Ahora he visto muchos programas de TV. en los cuales el presentador alardea de manipular venenosos ofidios. No sé cual es la moraleja o enseñanza que esto encierra.

En otra ocasión iban los hijos de Mateo adelante, yo siguiéndolos y el resto atrás. Cuando de pronto los que iban delante de mí comenzaron a gritar en su lengua y salieron corriendo, sin más preaviso. Me detuve, miré alrededor y salvo un leve rumor lejano, no vi nada anormal. Les grité llamándolos y preguntándoles por qué corrían. Ellos se detuvieron, me miraron señalando la selva a mi derecha gritando palabras que no entendí. Mateo que venía atrás me empujó:

—¡Corra Libalo! —(no pronunciaban bien mi nombre)—. Hormiga brava comer gente.

Vi a mi derecha de donde provenía el rumor, y observé las primeras hormigas que llegaban al frente de millones de ellas, en una fila aproximadamente de 3 metros de ancho. Yo había leído acerca de ellas. Me sorprendía lo que podían hacer, pero nunca imaginé que un día iría a estar en el camino de ellas por la selva. Comían y destrozaban todo lo que encontraban, de ahí el rumor como de masticar que escuchaba. La carrera la paramos al llegar a un pequeño arroyo y cruzarlo. Claro que un arroyo no es obstáculo para ellas, porque lo cruzan cortando hojas que les sirve de canoa. Llegan mas abajo pero lo cruzan. Eso lo había leído y visto en programas científicos de televisión. Es muy interesante, pero en vivo y en directo tiene otras connotaciones. Esas hormiguitas destrozan todo animal o vegetal que encuentran a su paso. Eso lo saben la mayoría de los animales salvajes quienes se alejan al escucharlas.

Un día al ponerme las botas y dar un paso, sentí como si hubiese pisado una espina, de esas que hay en la selva y son como de acero, atraviesan la suela de las llamadas botas pantaneras. Dí un grito de dolor y rápidamente me quité la bota, Al revisar la supuesta espina en la suela, cayó de dentro de la bota, un escorpión negro como de 5 CMS de longitud. Si antes estaba asustado ahí si que fue peor. Me quité la media y tenía un punto rojo sangrante en la planta del pié. Mateo, luego de internarse en la selva, llegó con unas hojitas que colocó detrás de mi oreja, pronunció unas palabras y dijo que pronto sanaría. Me han picado las hormigas Yanabe, negras, grandes, cuya picadura es como si clavaran una aguja al rojo vivo. Las Yanabe andan solitarias. Menos mal que «soy de buena sangre», me dijo una vez un indígena, ya que a otros les da fiebre y escalofríos.

En las noches que llovía torrencialmente aumentaban nuestros lamentos, sobre todo los de mis amigos de expedición, los cuales juraban no volver a meterse en estas aventuras.

–Pensamos que todo era distinto –Decían–.

Acostados en hamacas colgadas de las ramas de los árboles lo único que podíamos hacer para defendernos de la lluvia era colocarnos unos plásticos encima. El agua escurría por los cordeles hasta empaparnos totalmente. El riesgo mayor era cuando los truenos y relámpagos iluminaban un poco el follaje y los estruendos ensordecedores sacudían la manigua.

–Ojalá un rayo no caiga cerca.

Llegamos a las orillas de un río angosto. Buscaron por sus orillas donde crecía maleza encontrando un bongo, de suficiente capacidad para todos, al cual le montamos el motor de 6 HP. Si alguno se inclinaba a un lado zozobraríamos. El agua rozaba los bordes. Varios niños de brazos estaban resfriados motivo por el cual no se nos permitió desembarcar en varios caseríos indígenas, a lo largo del Yi antes de su desembocadura en el río Vaupés. Mateo, responsablemente, advertía a sus habitantes que llevábamos niños con gripa. Esta enfermedad mató a más indígenas en la época de la Conquista, que a los mosquetes de la Civilización Europea.

Después de muchas vicisitudes llegamos al río Vaupés, flacos, cadavéricos, sucios, pero agradecidos con la divina providencia por permitir salvarnos. Aquí es necesario anotar que además de frutas silvestres, sobrevivimos gracias a «camarones de agua dulce». En la selva, en los arroyos se encuentran blancos casi transparentes de 4 a 8 CMS de largo, los cuales comíamos crudos, ellos y el corazón de una palma eran los mejores manjares a que podíamos aspirar.

LLEGADA A MITU

Río abajo, al frente en la otra orilla había otro caserío que comparado con los dejados atrás, era una ciudad. Tenía una escuela. Arrimamos allí, 15 minutos, a ponernos al día en noticias y comprar gasolina. A las 7 de la noche la alegría fue inmensa al divisar las luces de Mitú. En ese punto existen muchas piedras grandes casi a flor de agua, pero las luces de Mitú y su reflejo en el agua nos ayudó a evitarlas. Fui el primero en bajarme cuando llegamos al puerto a las 8 de la noche. Cerca hay un asadero de pollos, cuyo dueño era un paisa. Al frente estaba el piloto Armando Vega. Me miró unos instantes. No me reconoció. Al sonreírle, me miró detenidamente y me dijo:

—¿Libardo?

Ya se imaginarán que aspecto tendría. Con Alfonso, el proveedor, Ávila y los indígenas nos dimos un banquete de pollo. —¡Ah! Y la coca cola—[18] mi preferida. Ya no podía dormir en una cama. Me había acostumbrado a las hamacas. Por la noche despertaba sobresaltado creyendo que me había caído al suelo y entre dormido en medio de la oscuridad buscaba la hamaca con mis brazos arriba de mi cabeza. Regresé a Villavicencio, con la idea de regresar por la joven Tatuya de ojos color miel. Nunca volví a verla porque jamás regresé al Vaupés, de lo contrario estaría comiendo fariña con mi linda mujercita. Creo hubiese sido mejor. Al menos ellos no viven pregonando democracia y por debajo de la mesa buscando burlarla o eludirla. La practican en el sentido literal de la palabra.

MI REGRESO AL GUAINIA

En Bogotá me encontré con Jorge sobrino de una cuñada con quien organizamos una sociedad ante la noticia del hallazgo del oro en el Guainía (1986). Él era el socio capitalista, yo viajé a Inírida. Del Guainía que había conocido quedaban solo los ríos y la selva, además de buenos amigos. La señora Carmen Bernal tenía una cafetería, muy agradable, vendía libros, fui buen cliente. Me alegré de ver nuevamente a muchos amigos. En Inírida compré víveres y combustible para llevar a Mai—Machi, sitio donde explotaban el oro de aluvión, además, varias empresas estatales y privadas exploraban posibles yacimientos.

Varios amigos me recibieron cordialmente y se sorprendieron que yo regresara a negociar en oro y no como funcionario del Estado. Por la noche departimos con unas cervezas y me pusieron al tanto de la situación política administrativa.

Regresé al Guainía para establecerme en Mai—Machi.

—Voy a negociar con oro —Les dije—.

—Menos mal porque aquí está un poco cambiado esto. Por el río Guaviare se está viendo guerrilla. —Comentó uno—.

Al día siguiente adquirí los víveres para mi futuro almacén Le pagué por adelantado todo el tonelaje a un transportador, con el compromiso de llevarlos hasta Mai—Machi. Después hubo un altercado porque alguien me cobró en la mina el valor del transporte de un trayecto hasta allí. De ahí en adelante conocería que en negocios, «caras vemos, corazones no sabemos». Creo tener predisposición para la aventura más no para el comercio. Mai—machi son unos imponentes cerros, cerca de la frontera con Brasil del cual nacen varios arroyos y en éstos se encontraron grandes trozos de oro, algunos de media libra. Su nombre en dialecto indígena significa Montaña del Diablo. Curioso, porque es el mismo nombre del cerro al cual un buscador de oro llevó al piloto norteamericano Jimmy Crawford Angel en la segunda década del siglo pasado desde Ciudad de Panamá y cargaron el avión Bristol, avión de combate de la Primera Guerra Mundial, con mucho oro. En el viaje de búsqueda el minero le hizo dar muchos rodeos al piloto para llegar y aterrizaron cerca de la cima en un claro. Se suponía que era cerca al río Orinoco, en Venezuela. Tiempo después Angel buscó por su cuenta la montaña y nunca la encontró, aunque se estableció una temporada en Venezuela para ese fin. Pero en esa búsqueda descubrió las famosas cataratas que llevan su nombre.

Para llegar a la mina de oro la ruta a seguir era la siguiente: Desde Inírida se remonta el río del mismo nombre hasta un punto llamado Huesito, donde estuvimos en la cacería de tigres. Duración de esta etapa 2 horas aproximadamente si se usa una embarcación rápida y pequeña. Allí empieza una trocha en medio de sabanas y selvas que conduce al río Negro—Guainía cuyo medio de transporte disponible es un tractor con remolque. El río Guasacaví, situado aproximadamente en la mitad del recorrido, se atraviesa con el tractor sobre pontones. Si al llegar a Huesito el tractor está allí y no se sufren percances, esta etapa se hace en 8 horas. Una vez en el río Negro era necesario elevar oraciones celestiales para que se encontrara una embarcación para continuar el viaje hasta Mai—Machi, al cual se llegaba después de remontar el río Negro, tomar una desviación por el río Naquen y luego el caño Mai—Machi, etapa que se cubría en 4 horas.

Con suerte solo se emplearían 14 horas en el viaje, pero en la realidad era afortunado quien lo pudiera hacer en 3 días. A esto es conveniente agregar que no existen restaurantes, caseríos, hoteles ni residencias en el trayecto.

COPETIN

En Huesito un amigo, apodado «Copetín», tenía por vivienda un rancho. La gente en el viaje de ida para la mina lo saludaba desprevenidamente. Todos tomaban cerveza y estaban sonrientes por la perspectiva del oro en sus sueños. Cuando regresaban a las pocas semanas o meses, cansados de haber tenido que recorrer a pié la mayor parte del recorrido bajo un sol canicular, con la piel ampollada, con poco oro y con el único sueño de tomar agua del río, abrazaban a Copetín y le juraban amistad eterna mientras indagaban si tenía sancocho de gallina. Él señalaba unas gallinas flacuchentas que picoteaban en los matorrales que rodeaban su casa:

–Si quieren les vendo una gallina –Decía–.

–Claro. Preparemos una. –Contestaban alborozados–.

–Yo no cocino ahora –Decía Copetín muy serio–. Pero si ustedes cocinan con mucho gusto les presto el fogón de mi casa.

Los ex mineros después de dudar unos instantes aceptaban la propuesta señalando la gallina más apetecida para que él la atrapara.

–¿Correr yo detrás de esos bichos? ¿No ven que no están en un corral y la selva es muy grande?

Les sentenciaba Copetín muy serio, tranquilamente sentado, fumando y lanzando grandes bocanadas de humo.

Después de observarlos correr, inútilmente, detrás de las gallinas en medio de gritos ensayando tácticas de acorralamiento sin resultados satisfactorios, las gallinas y sus perseguidores roncos de tanto gritar, Copetín se levantaba pausadamente del tronco en que estaba sentado, entraba a la casa regresando con una carabina 22 en su mano, daba una chupada al cigarrillo y decía:

–Mejor atrapen la gallina con esto –y mostraba la anticuada arma de fuego–.

Todos se miraban sorprendidos pero al final aceptaban.

–¡Ah!. Una cosa –Decía con énfasis en cada palabra– La gallina más flaca que tengo vale 3 gramos oro. Por la prestada del fogón y las ollas no les cobro nada.

Les entregaba unas municiones 22. Seguidamente se reanudaba el cacareo de las gallinas corriendo y un tirador disparándoles. Gritos, tiros, aleteos, cacareos y carreras terminan finalmente con unas gallinas desplumadas en las ollas humeantes. Muy amables los cocineros le brindaban un plato de sancocho a Copetín.

–No gracias –Hoy no quiero gallina–.

Después del convite y una mesa llena de huesos, platos sucios y uno que otro diente roto de los comensales que olvidaron sacar los perdigones de los bípedos, reaparecía Copetín, encendía un cigarrillo con una brasa del fogón y comentaba como si nada:

–No olviden que cada bala que dispararon cuesta dinero, pero por ser a ustedes se las cobro únicamente a 1 gramo de oro cada una.

Naturalmente eran mucho más los tiros gastados que las gallinas muertas. Aquí es necesario aclarar que así como era bueno para cobrar era de malas para que le pagaran.

Mai Machi era un caserío levantado rápidamente por la presencia de cientos de buscadores de oro, que llegaron atraídos por las noticias de televisión. Vendían sus casas y enseres, y tomaban el avión de Satena hacia Inírida. Al llegar, con bronceador solar, cachuchas NY, gafas oscuras, pantalones cortos, zapatillas deportivas, un pequeño maletín y mucho entusiasmo.

–¿Dónde queda Mai–Machi? –Preguntaban con una lata de gaseosa en la mano como única provisión–.

Cuando se enteraban que debían viajar 10 días por selva y ríos, que no había transporte regular, algunos se devolvían y otros, haciendo de tripas corazón, seguían adelante. La mal llamada «Bonanza del oro» atrajo cientos de personas de toda Colombia pero cuando se dieron cuenta de las dificultades para el transporte y los altos costos de la comida se devolvieron inmediatamente. Solo unos pocos se quedaron para pasar penalidades.

Por aquí periódicamente se presentan bonanzas, producto la mayoría, de economía de recolección.

Hasta la década del 60 fueron las pieles de tigre y otros para confección de abrigos y calzado. Casi acabaron con las especies. Luego siguieron la exportación de peces ornamentales y de la flor Inírida que se producen silvestres en las sabanas y caños del Guainía.

Hay quienes aseguran que la recolección es sinónimo de subdesarrollo. Pero, ¿No es economía de recolección también la explotación del petróleo o la pesca en aguas internacionales?. Muchas potencias mundiales basan, buena parte de su economía es estos aspectos.

EL CONSUL

Los mineros se quejaban que la Guardia Venezolana les incautaba el oro cuando los sorprendían regresando a Inírida por el caño Guarmiza, afluente del río Negro. Este caño tiene tramos en territorio venezolano y colombiano. Los mineros denunciaban abusos de la Guardia Venezolana. Sin consultar a nadie le comenté al Cónsul de Venezuela en Inírida.

–Bueno, chico –Me dijo–. ¿Y eso queda lejos?

–Si.¿Quiere ud. ir?

–Naturalmente, pero ¿No será peligroso?

Yo no había visto mucha guerrilla aunque se rumoraba que periódicamente se presentaban.

– No creo –Le contesté–.

–Bueno chico, si me promete que no habrá peligro de seguridad, estoy dispuesto a ir y también mi hija me acompañará.

Pensé rápidamente. No acostumbro a postergar la toma de decisiones.

–Listo –Le dije–.

Llamó a su hija quien por esos días cumpliría 15 años y le comentó sobre el viaje. Organizamos todo lo necesario y viajamos a San Fernando de Atabapo donde tomamos un avión a Maroa, puerto a orillas del río Negro, todo en territorio venezolano.

Me explicó que según la legislación venezolana no existía ilicitud de la Guardia al retener el oro a los mineros colombianos en tránsito no autorizado por su territorio.

–Bien. Eso es lo que se les debe explicar a los mineros en Mai–Machi –Le manifesté–.

En Maroa tomamos una embarcación y demoramos varias horas en remontar el río Negro, tomar el río Naquen y luego el caño Mai–Machi. Yo no sabía que dirían los mineros, pero por mis conclusiones tendrían que entender que si ellos se quejaban de abusos de la Guardia Venezolana, lo más correcto era tratar el asunto con una autoridad de ese país. Todos los habitantes de la frontera sabían la existencia de la mina y su explotación.

Cuando llegamos, varios se sorprendieron. Eso no me preocupaba tanto como el hecho de que la guerrilla estaba en el caserío, «una comisión» según decían. Le expliqué el motivo de la presencia del Cónsul a la persona que se presentó como el comandante a quien le decían el «Cucho». Creo que entendió porque estuvo observando de lejos la reunión que tuvimos ese día, mineros, el Cónsul y yo.

Los mineros explicaron sus quejas y el cónsul les atendió. Terminada la reunión, el Cónsul y su hija se alojaron en un rancho. Al otro día muy de madrugada regresamos a Maroa y desde allí tomamos el avión con rumbo a San Fernando de Atabapo. Al llegar a Inírida respiré tranquilo y decidí nunca más meterme a tratar de solucionar problemas de ese tipo.

MINAS DE ORO DE MAI–MACHI. NATACHA

En Mai–Machi abrieron bares en ranchos iguales construidos con troncos, techos de zinc o palma y paredes de tabla. Los mineros, sudorosos, algo sucios pero con oro en polvo que portaban en frasquitos amarrados al cuello, llegaban de las minas los fines de semana después de una ardua labor escarbando en los riachuelos de las montañas, dejaban sus morrales en los ranchos donde se alojaban y rápidamente, después de bañarse se encaminaban a los bares donde encontraban chicas de varios departamentos de Colombia, quienes lucían sus encantos provocativamente.

Dentro de ellas se destacaba la más joven y hermosa de nombre artístico Natacha.

Lo de artístico es un eufemismo. Mejor y más explícito sería de combate. Ella tenía la piel canela, grandes ojos negros, facciones exóticas, su talla no era muy alta pero esto era compensado por unas caderas voluptuosas y cintura de avispa. En una ocasión ganó el reinado de belleza local, en medio de la alegría de los mineros. En su alcoba, además de una rústica cama tenía una mesita sobre la cual descansaba una balanza de precisión. Allí las llamaban «Grameras». Como no circulaba el dinero, la moneda era el oro (el gramo en 1987 valía 1600 pesos). El cliente pagaba la cuenta depositando su oro en un plato de la balanza. Si el cliente quería más tiempo para que ella le dedicara debía pagar proporcional.

En este tema creo que existe mucha prevención e hipocresía. Me explico: Cuando una mujer usa sus atributos físicos para seducir y atraer la atención, por dinero, en contextos sociales populares, es calificada con epítetos desobligantes. Pero si hace lo mismo en grandes empresas de comercio erótico, es recibida en las altas esferas políticas y palacios presidenciales con gran admiración y delirio.

Existen diferencias entre unas y otras, pero lo más importante es que aquella trabaja para sí misma y la otra para una organización poderosa que mueve muchos millones de dólares.

El éxito de la vida se mide, en la realidad y tristemente, por el dinero. Muy atrás quedan otras consideraciones que como consuelo, salen a relucir esporádicamente por conveniencia, como la dignidad, el decoro, la honorabilidad y la rectitud.

Si a un hombre le gusta el dinero y hace todo a su alcance para obtenerlo y conservarlo es un empresario hombre de negocios o persona con mentalidad de triunfador pero si es una mujer inmediatamente es calificada de prostituta.

Cuando me retiré del Guainía, años atrás, era un territorio con problemas, pero esperanzado, ahora había guerrilla, grupos de autodefensa, bonanza del oro. Regresaba en medio de todo esto. Me instalé en la choza que había comparado a un hijo de ex guerrillero liberal de la década de los 50. Me dediqué a vender víveres, gasolina y recibir oro. Mejor dicho a entregar víveres y gasolina y a esperar que pagaran en oro «la otra semana» como acostumbraban a decir.

La última vez que compré víveres y gasolina para vender en Mai Machi, empleé el único transporte que existía, era un tractor que halaba una carrocería de madera sobre ruedas, era la única manera de llevar la carga del río Inírida hasta el río Negro—Guainía, todo esto cruzando ríos, pantanos selva y sabana. En ese viaje el conductor del tractor se detuvo porque adelante estaba inundada la trocha y no sabía la profundidad. Yo permanecía sentado sobre mi carga en el vehículo que era arrastrado. Me bajé y fui a revisar el camino. Yo vestía pantaloneta, tenis, como era invierno complementaba mi vestuario un impermeable azul que me llegaba hasta mas abajo de las rodillas. El agua, en la profundidad máxima, alcanzaba mi la cintura, caminé entre el agua hasta el otro lado del camino y allí esperé que cruzaran los carros.

EL conductor, sin ningún inconveniente cruzó y se detuvo para que yo subiera. Cometí un error garrafal: Traté de subir al vehículo de mi carga, ¡por la parte de adelante!. En este punto el agua llegaba un poco abajo de las rodillas. En ese momento emprendió la marcha, yo apenas estaba asido de la carrocería y caí al agua. Lancé un desesperado grito pero fue ahogado por el ruido del motor del tractor al acelerar. El trailer que arrastraba tiene 4 ruedas una rueda delantera me aprisionó el impermeable contra el suelo levantando olas del agua y me impidió movimiento para quitármelo rápidamente. Giré el cuerpo como pude para evitar que la rueda me aplastara el pecho (La carga mía pesaba 4 toneladas) pero pasó por mi pierna derecha un poco arriba del tobillo. Yo apenas sacaba la cadera fuera del agua. Sentí la presión sobre mi pierna, y oí como se quebraba un hueso. Cuando se detuvo el tractor ya tenía la rueda trasera cerca de mi pecho. Estuve a un pelo de ser aplastado. Después del primer grito todo transcurrió en milésimas de segundo, el conductor se bajó y me vio debajo del trailer. Yo no sentí dolor alguno, estaba espantado de haber escapado por centímetros de una muerte violenta. No podía articular palabra. Después me comentó que no oyó mi grito. Otros 2 pasajeros que pidieron ser llevados y se encontraban sentados sobre mi carga se dieron cuenta y ellos fueron los que gritaron más fuerte para que se detuviera. No pude incorporarme ni mover mi pierna derecha.

–Fittipaldi –Dijo–. Si quiere lo regreso inmediatamente a Inírida.

–No –Le contesté–. Sigamos adelante.

Ya habíamos cruzado el río Guasacaví y estábamos más cerca del río Negro– Guainía. En llegar a orillas al río Guamirsa, afluente del Guainía tardamos 2 horas, Ahí en ese sitio esperamos 3 días mientras llegaba una embarcación a recogernos. No podía caminar sin ayuda de 2 varas que me servían de bastones.

Desde mi llegada al Guainía en diciembre de 1979, un amigo Edmundo, de la rama judicial me puso un sobrenombre: «Fittipaldi», (como el corredor de autos brasilero, famoso en aquellos tiempos), porque una vez se apagó una camioneta que yo estaba conduciendo y no quiso prender el motor de nuevo. Me bajé y alcé el capó del motor.

–¿Qué le pasa don Libardo? –Me dijo un amigo que pasaba en moto por el lugar–.

–No sé. –Le contesté–. Se apagó y no quiere prender.

–Vamos a ver –dijo Guillermo bajándose de la moto–. Después de 20 segundos descubrió que el «daño» era: ¡Falta de gasolina! De ahí mi apodo. Toda una amabilidad en una región donde se oyen apodos como Carebongo, Guio, Mico Sucio, Carepálida, Barrabás...

Durante el tiempo que estuve en Mai–Machi en muy pocas ocasiones vi guerrilla, allá llegó un comandante al mando de un grupo reducido, que supongo ya había averiguado por mí, me dijo:

–Mire Don Fittipaldi. ¿Por qué no me escribe en un papelito un poco contándome de su vida y que ha hecho en sus últimos años?

Sospeché que estaban recelosos conmigo.

Escribí mi corta biografía y se la entregué.

Por esa época pasó por allí un escritor y un grupo pequeño de acompañantes, en correría de investigación periodística, con cámara de video incluida. Estaba escribiendo algo sobre la mina de oro, la selva y la guerrilla, sobre la problemática regional, según deduje.

Decidí regresar a Inírida.

De Mahi–Machi, a orillas del río del mismo nombre bajando se llega al río Naquen, y este a su vez desemboca en el río Negro– Guainía. Río abajo se toma un caño grande, el Guamirza. Ahí es donde la guardia Venezolana espera a los mineros colombianos, y les decomisan el oro, sin poder decir nada porque es territorio Venezolano. Esa vez de regreso, estaba en compañía de aproximadamente 30 mineros más, los cuales traían oro para vender en Bogotá o Inírida.

Comentamos sobre el riesgo de transitar por la parte Venezolana del río Guamirza. Decidimos seguir con temor por la posible incautación del oro que llevaba cada minero. Por no estar disponible el tractor y su remolque el regreso, en su mayor parte, fue caminando bajo un sol abrasador por la sabana arenosa. Sin novedad llegamos a los varios días a Inírida. Los amigos al verme, dijeron:

—¡Hola Fittipaldi!. La gente si es chismosa. Dijeron que a usted lo había atropellado el tractor ...

No estaba inválido pero no podía correr ni subir escaleras normalmente, caminaba despacio. Decidí recuperar parte de lo invertido en esta aventura aurífera. Tenía en mi poder un cuaderno con las anotaciones del oro que me debían en Mai–Machi. A los pocos días abordamos con un minero un avión rumbo al río Negro a una pista de nombre Macanal. Allí esperamos un día en la orilla hasta que llegó una embarcación y nos trasladó hasta la mina. En definitiva solamente me pagó un minero, unos habían desaparecido y otros estaban en caños muy lejanos.

Esperé unos días regresando finalmente a Inírida para no sufrir con el recuerdo de las deudas, mejor quemé el cuaderno. Allí terminó mi curso de comerciante. Me presenté ante el gobernante de la región y abiertamente le solicité empleo. Tengo buenas referencias de mis trabajos anteriores y mi padrino político, un senador de filiación liberal le dio su aval.

A las pocas semanas yo ocupaba el cargo de Director de la Casa de la Cultura.

En 1991, también llegó a Inírida una funcionaria para investigarme, venía del Ministerio de Educación Nacional. Jamás me interesó saber quien estaba detrás de todo esto. Me encontraba de viaje por el río, la abogada se encargó de contarle a alguien el motivo de su presencia. Al poco tiempo estando yo en una comunidad indígena, situada a cinco horas de motor fuera de borda, ya lo sabía. Siempre me asombré por la velocidad con que se transmiten los chismes en esa zona. En la calle principal cerca del parque central y la Alcaldía hay un árbol frondoso y alto, al cual se le conoce con el nombre de «Palo chisme». Sobra decir que a su sombra se sientan las personas a ponerse al día en noticias locales. Cuando regresé a Inírida me presenté ante ella, rendí mi versión, y en el siguiente vuelo se regresó. Ella manifestó a su arribo que yo iría a la cárcel, mi demora en llegar a Inírida fueron cuatro días, suficientes para condenarme sin ser escuchado. Nunca regresó, ni tampoco fui a la cárcel. El Caso que estaba investigando era el siguiente:

Yo, como Jefe de Educación de adultos, Coordiné un Encuentro Colombo–Venezolano de Educación de Adultos y para sufragar los gastos el MEN (Ministerio de Educación Nacional) envió dinero aportado por el PNUD (Plan de Naciones Unidas para el Desarrollo). Asistieron, además, del MEN delegaciones de Venezuela y líderes indígenas del Guainía. Recibí instrucciones de abrir una cuenta corriente bancaria, donde me consignaron un dinero con el cual yo debía cubrir los gastos, como alimentación, alojamiento y demás necesidades autorizadas, adjuntando los correspondientes soportes administrativos. Todo se realizó con éxito. Contraté con los restaurantes las comidas y refrigerios a precios rebajados. Los hoteles cobraron el hospedaje igual que a cualquier parroquiano pero hicieron un descuento porque el grupo era numeroso. Cuando vieron que yo giraba cheques para pagar las cuentas se escandalizó mucha gente.

—¡Libardo se chifló, él no es ordenador del gasto y está girando cheques!

Cuando comprobaron que sí lo podía hacer automáticamente infirieron que, como es usual en esos casos, había sobrefacturado. La funcionaria me interrogó presenté las cuentas y sus soportes administrativos. Averiguó precios. Ahí terminó la investigación, no me abrieron pliego de cargos porque no había cometido ilícito alguno.

PERIODICO EL HAZ

Edgar Rozo, Supervisor de la Secretaría de educación, Efraín Bautista, líder indígena editaban en mimeógrafo un periódico de 4 páginas llamado «El Haz», cuyo contenido eran notas de interés general. Yo entré a formar parte del equipo redactor.

Me desempeñé también como Coordinador de Programas Primera Dama de la Presidencia e la República cumplí todo lo diseñado en ello.

Llevé delegaciones del Guainía a Pereira y Barranquilla, compuestas en su mayor parte por indígenas donde se realizaron unos juegos nacionales. También estuve en dos de ocasiones en el Palacio de Nariño, sede de la Presidencia de la República. Mis funciones consistían en capacitar a docentes y miembros de las comunidades indígenas en técnicas pedagógicas para enseñar a leer y escribir a adultos. Diseñé programas de recuperación de identidad cultural para los indígenas. Envié el proyecto al MEN donde lo aprobaron– a pesar de los reparos de algunos funcionarios en la Secretaría de Educación.

Esto y un trabajo que hacía regularmente en cada zona indígena en los ríos me dieron cierto reconocimiento con la comunidad. Reunía todos los indígenas de una zona o río, ancianos, niños, mujeres, hombres, les daba comida para 3 días, les organizaba competencias relacionadas con sus actividades: Tiro con cerbatana, arco y flecha, correr, nadar y canotaje. A los ganadores les entregaba linternas, ollas, pilas, toldillos.

Algún tiempo después, en un seminario del Ministerio de Educación, un funcionario del MEN (Ministerio de Educación Nacional) nos comunicó que, gracias a la intervención de la Embajada Alemana, el Ministerio había «diseñado» una estrategia para las zonas indígenas. Nos relató cuales eran esas estrategias. Era lo que yo estaba haciendo. La oportunidad para desquitarme era propicia:

–Me alegra mucho –Dije en una reunión en Bogotá– que el Ministerio, por la asesoría Alemana, se haya dado cuenta que lo que hago en el Guainía es lo más apropiado para esas regiones.

Ahora sí empezaba a ver presencia subversiva, sobre todo por el río Guaviare. Revisaban las embarcaciones y preguntaban por las actividades y procedencia de los ocupantes. A principios de la década de los 90 decidí filmar un vídeo sobre el Guainía. Para ello me dediqué a entrevistar a personajes de la región y grabar imágenes del pueblo. Tenía, a cargo de mi oficina, una buena embarcación con potente motor con la cual viajaba cumpliendo mis obligaciones con el plan que me proponía al comenzar cada año: El cronograma de actividades, lo pasaba a mi superior. El dinero llegaba cada año de acuerdo con los proyectos que hubiera presentado en Enero, ante el PNUD (Programa de las Naciones Unidas para el Desarrollo) que tiene oficina en el Ministerio de Educación.

Cuando salía por los ríos, me encontraba, ocasionalmente, con bongos llenos de guerrilleros, me detenían, mostraba mis credenciales de funcionario oficial y me dejaban seguir luego de revisar todo lo que llevaba con miradas inquisitivas. El comandante y sus acompañantes, que había visto en Mai–Machi, ya no estaban, por lo visto, en la zona.

Un sábado debía tomar el avión para asistir a una reunión en Bogotá en el Ministerio de Educación Nacional. La noche anterior el Alcalde Omar Torres ofreció llevarme al aeropuerto. A las 8 de la mañana el avión estaba llegando. Me Dirigí a la casa del alcalde. Golpeé la puerta y grité:

–Omar ya llegó el avión. Tengo afán

–Espéreme ya salgo gritó desde adentro

En ese momento pasaba una volqueta del gobierno con varios policías en el platón rumbo al aeropuerto a cumplir funciones de control y requisa. Se detuvo en la esquina. El conductor gritó:

–¡Fittipaldi! ¡Va para el aeropuerto? Lo llevo

No es muy agradable viajar de pié en una volqueta en una carretera sin asfaltar y polvorienta.

–No gracias– Le contesté

Omar salió minutos después. Abordamos el vehículo oficial rumbo al aeropuerto situado a pocos kilómetros. Observamos que en las afueras del pueblo mucha gente se agrupaba señalando la carretera que va al terminal aéreo.

–¿Que pasó? –Les preguntamos–.

–Una explosión fuerte se escuchó. Y después un tiroteo –dijo un lugareño–.

–Le dieron a la volqueta con los policías –Dijo otro–.

Omar dio marcha atrás y aceleró hacia el puesto de Infantería de Marina. Dio aviso y ante una avalancha de preguntas contestó que no sabía nada más.

–Omar por favor lléveme a mi casa voy a recoger la videocámara –Le dije–.

–¿Para que?

–Esta es una noticia grande. Pienso tomar imágenes y llevarlas a un noticiero de televisión.

Me llevó y recogí la videocámara. Al tomar otra vez la vía al aeropuerto se dirigían a pié al lugar de los acontecimientos miembros de la Infantería de Marina y agentes de la Policía. Este caso tenía todas las características de una emboscada, ignorábamos si los autores estarían todavía por allí. A lo lejos divisamos la volqueta humeante.Este vehículo tiene una carrocería apropiada para transportar arena o tierra en labores de construcciòn y no es cubierto.

Nos acercamos lentamente. La Fuerza Pública avanzaba por el monte. Atrás de la volqueta se encontraba un personaje conocido en la región,

Sebastián Muñoz, oriundo del Cauca, quien estaba vinculado hacía muchos años al Guainía. Prendí la cámara enfocando a Sebastián que estaba un poco pálido e impresionado y le pregunté:

–¿Qué pasó?

–Yo venía detrás de la volqueta cuando de repente escuché una fuerte explosión, la vi volar por los aires. Después sonaron muchos disparos. Yo me escondí –Respondió–.

Su motocicleta estaba a un lado del camino. Grabé varias imágenes impresionantes. En la mitad de la carretera se observaba un cerebro humano en un charco de sangre. La ambulancia transportaba los heridos y cadáveres. Un teniente de Infantería se acercó indagando por las imágenes.

–Las voy a llevar a los noticieros de televisión –Le dije–.

–Espero haga buen uso de eso –Manifestó–.

En el vuelo a Bogotá iban varios heridos. El conductor y varios policías fallecieron. Antes de abordar el avión llamé a TV Noticias Uno. Al llegar al aeropuerto El Dorado en Bogotá estaban los periodistas esperando el avión. Cuando aterrizamos se acercaron a la puerta del avión. Al ver que yo llevaba la videocámara me preguntaron:

–¿Usted es el de la imágenes?

–Sí –Respondí–.

En las instalaciones del Noticiero la Directora vio las imágenes y aprobó su emisión.

–¿Cuánto quiere por las imágenes? –preguntaron–.

–Nada. Esta tragedia es la primera que ocurre en una zona muy pacífica. No quiero recibir dinero por ellas –Respondí–.

Claro que el dinero me haría mucho bien, pero por mi labor en el campo educativo y eventualidades inciertas, me abstuve de recibir pago alguno.

Esa noche difundieron ampliamente la noticia con la entrevista a Sebastián Muñoz y mi crédito correspondiente.

Limité mis salidas estrictamente a las necesarias, aunque me escapaba para visitar una bella chica que vivía cerca a Guerima (Vichada), quien nunca quiso entablar noviazgo conmigo. No quería dañar la amistad era su argumento principal. A mí no me importaba mandar la amistad a mejor vida. Cuando iba a visitarla en la finca que tenía su mamá arriba de Guerima, por el río Uva, ella me decía:

–Libardo. ¿Puede acompañarnos un muchacho que trabaja para mi mamá?

Yo llevaba licor, cigarrillos, pollos asados, grabadora, etc. Hacíamos veladas hasta la madrugada. El trabajador de la mamá fue tiempo después su primer marido. La vi años después en Guerima, todavía linda con un hijo y el nuevo esposo. Según dicen el primero ingresó a la guerrilla. La Policía me preguntaba por mis viajes al río y que si había encontrado guerrilla Les decía que sí. Los funcionarios principales comenzaron a restringir, hasta eliminar totalmente las salidas al río. Tenían temor.

¿Por qué no volver a salir al río? Yo había estado por estos lados desde hacía muchos años, y consideraba como una cobardía no seguir cumpliendo mi rutina de trabajo. En mis viajes a visitar a la muchacha esquiva conocí a un comandante guerrillero. Era el que mandaba en toda esta zona, según me dijeron. Estaba intrigado y receloso por «tanta subidera», según me manifestó, con mis continuas idas a Guerima. Yo le dije la verdad y que además había conocido a un comandante en Mahi–Machí, que conocía mi trabajo como comerciante, en la región.

–¿Cuál? –Me preguntó–.

–No sé. O mejor dicho no recuerdo su nombre pero le decían «Cucho». Lo describí físicamente.

Creo hizo sus averiguaciones a ver si yo decía la verdad, no volvieron a detenerme. Simplemente me saludaban con la mano desde lejos. Siempre he sostenido que si uno no tiene culpa de algo, no tiene porqué ocultarse o dejar de hacer la rutina de trabajo.

Yo estaba planeando renunciar a mi cargo, aburrido de las intrigas políticas. Presumía que esa zona se pondría muy peligrosa y finalmente en 1993 renuncié a mi cargo. Aunque yo había trabajado sin ánimo de hacer méritos para posteriores fines políticos, me daba perfecta cuenta que podía servir como fundamento para lanzarme a la política por lo cual decidí intentar llegar al Congreso de Colombia.

CAMPAÑA POLITICA

Viajé a Bogotá a mandar a imprimir mis volantes como candidato a la Cámara de Representantes, órgano legislativo del poder. Al llegar a Inírida con ellos debajo del brazo, mis ahorros de toda la vida, desde que era profesor en la Normal de Villavicencio pero con el gran capital que era haber hecho buena labor con los indígenas, comencé a repartirlos personalmente.

Mi campaña no era como la mayoría. Allí y en toda Colombia, se espera que el candidato escoja entre sus allegados para que les ayude a hacer campaña.

Las elecciones populares, un acierto de la democracia, han sido utilizadas sin embargo en muchas naciones el mundo para legitimar realidades o acallar problemas internos tales como el afán de sectores étnicos minoritarios con idiosincrasias orígenes y culturas diferentes para proclamar su derecho a la autonomía propia. Para negarles su petición se invocan con grandilocuencia premisas constitucionales, falsas unidades nacionales o simplemente criterios de conveniencias políticas o democráticas.

Tanto en el ejecutivo como en las demás ramas del poder público se aplica con claridad el Principio de Peter. Éste dice que toda persona asciende en una organización hasta alcanzar su punto de incompetencia. En otras palabras, significa, que el trabajo productivo de una empresa es realizado por las personas que no han alcanzado este nivel.

Creo que algunos mandatarios en el mundo ya han alcanzado ese nivel, dada la situación global.

Temiendo ser otro ejemplo de este principio me arriesgué a probar en política.

—Para todo esto se necesita dinero. Para desplazamientos, comida, gasolina, un motor fuera de borda. Es que la campaña cuesta. Si no tiene dinero mejor no se meta —Me decían—.

Los primeros días, los comentarios eran:

—Libardo se volvió loco, hace campaña para Representante a la Cámara. ¿Qué se habrá creído?. No tiene el dinero suficiente...etc.

Al mes los comentarios eran los siguientes:

—Si gana es que lo apoya la guerrilla. Si gana es que es candidato del narcotráfico

Era un rápido progreso ya que de «loco» pasé a «si gana». Aquí sufrí en carne propia el recurso bajo, muy común en ciertos sectores, de la calumnia para descalificar al candidato que no es de su simpatía o que es rival del suyo.

No había empezado en forma mi labor política y ya estaban poniéndome banderillas. Algunos amigos ya no conversaban conmigo porque tenían temor que sus jefes políticos los vieran cerca de mí

Tal vez hicieron un sondeo en las zonas donde yo había trabajado. Al poco tiempo cuando traté de iniciar mi campaña política por el río Guaviare fui advertido por la guerrilla que no la podía hacer. Yo ingenuamente creía que por el hecho simple de haber trabajado en esas zonas como empleado oficial podía hacer mi labor política. Solicité una entrevista con un comandante de ellos.

–Por aquí está prohibido hacer proselitismo político de cualquier clase.
No puede ser candidato a nada, y si gana no puede volver por aquí –Dijo–.
–Nunca he tenido problemas por acá –Dije–.
–Ya se lo advertimos –Sentenció–.

Estoy convencido que la solución de la mayor parte de los problemas
de cualquier nación radica en el ejercicio de la política, en su significado
literal, filosófico y ético Como se dice coloquialmente, no me hice mala sangre y cambié de planes. Tratar de hacerlos cambiar de parecer era inútil.
¿Qué hacer ahora? Siempre me había gustado la aviación. Lo que tenía era suficiente para una parte del curso para piloto comercial de avión.
Solicité un préstamo, el cual aún debo, me matriculé en Bogotá en la
escuela de aviación Aerocentro.

EL CURSO DE AVIACION

Durante el curso tomado en Aerocentro, en Guaymaral, se habían presentado en tiempo reciente dos accidentes de pilotos–alumnos de aviación. El primero ocurrido en el Autódromo de Tocancipá, muy comentado
en los medios aeronáuticos en Guaymaral: Un alumno en entrenamiento
en una zona de cual hace parte el autódromo había acordado previamente con un amigo que tiene un auto de carreras, competir en una carrera
para ver quien era más veloz en la recta principal si el auto o el avión.
Estaba todo listo, esperando que hiciera su aparición el avión. Sus amigos, en las tribunas. El avión y el auto aceleraron, el avión al final no pudo
sobrepasar una valla que tenía enfrente, accidentándose fatalmente.

El segundo, también con un piloto estudiante en una zona de entrenamiento, sobre la represa de Sesquilé, quien quiso hacer un sobrepaso a
la laguna para saludar a la novia quien estaba abajo en un bote y con una
cámara fotográfica. Resultado final: Accidente fatal.

Los instructores nos insistían en los peligros de hacer sobrepasos sobre las casas de las novias y amigos. Pensé que exageraban, pero con el
tiempo comprobé que son típicos accidentes muy recurrentes en todo el
mundo, aún a nivel de Aviación Militar.

La dispersión de la atención es una de las causas más comunes en los
accidentes aéreos o terrestres. Por ello es peligroso conducir y hablar
por celular simultáneamente. Si los requisitos de buen estado de salud
tanto física como mental, verificables científicamente, que se requieren

para ser piloto de avión fueran también necesarios para gobernar las naciones, con toda seguridad el mundo estaría mejor.

Una persona no muy cuerda que digamos puede gobernar una nación de millones de habitantes. En cambio para pilotear un avión se requiere mucha sensatez y buen criterio Existen pilotos temerarios, audaces y arriesgados que es diferente de sufrir enfermedades del sistema neurosicológico. Un piloto insensato no dura mucho.

El sobrevuelo sobre la casa de la novia o amiga es típico:

–Mi amor. Mañana voy a volar en entrenamiento cerca de tu casa. Voy a hacerte un sobrepaso y volaré muy bajo encima de tu casa. Si quieres puedes estar pendiente a las 10 de la mañana. La novia agasajada se llena de alegría y orgullo por su galán piloto. El novel piloto de avión no ve la hora de efectuar la hazaña. Finalmente llega el gran día. De cualquier manera se las ingenia para que el control aéreo le permita efectuar la maniobra. Ya se imagina a la novia esperándolo en la ventana con cámara fotográfica incluida. Los procedimientos y listas de chequeo reglamentario pasan a segundo plano. Sobrevuela el barrio residencial de su admiradora. Pone los puntos de flaps necesarios y empuja la palanca hacia delante para picar.

La casa ya es claramente visible. Sube la nariz. El avión vuela un trayecto horizontal, luego con la nariz al cielo, entra en barrena, pierde el control y se estrella. Algo se le olvidó ejecutar o tener en cuenta.

La última escaramuza aérea en la que participaron naves colombianas fue en la guerra con el Perú en la década del 30, en el siglo pasado. Me hubiera gustado ser piloto militar.

En mi casa tengo libros, fotos y videos sobre los combates aéreos, de piloto militar contra piloto militar en la que la única arma con que cuenta el aviador es su aeronave de combate. Cada piloto era evaluado por su rendimiento y éste consistía en el número de aviones militares derribados por él mismo. No tengo datos sobre cuántos aviones militares han derribado los pilotos militares de mi país.

El tema de la aviación es complejo y apasionante, pero siempre, objeto de controversia. Cuando sucede un accidente aéreo se difunden muchas conjeturas y en la mayoría de los casos el piloto es señalado como el culpable. Otro punto es el cumplimiento de los itinerarios de las líneas aéreas. Es muy criticado sin tener en cuenta que la seguridad del vuelo es más importante que la observación estricta de horarios. Si existe mal tiempo en el trayecto o en el aeropuerto de destino o de despeje, es mejor esperar unos momentos en tierra. He visto pasajeros muy enojados por la demora en su vuelo. La racionalidad se pierde con la emotividad.

Es muy común dictaminar la causa de un accidente aéreo sin finalizar la investigación, o peor aún, sin que se haya iniciado.

Por ejemplo, si uno va en un avión, cruzando una cordillera a 2000 pies sobre el punto más alto de la misma, y lo arrastra hacia abajo una fuerte corriente descendente, (rotor o cúmulo nimbus cerca) el piloto por más diestro que sea no pueden en algunos casos nivelar elevación por la gran velocidad descendente de la corriente y se estrella contra la montaña. Accidente fatal. El periodista o el jefe de la primera comisión de rescate que llega al sitio del siniestro generalmente una comisión de la Defensa Civil o cuerpo de Bomberos dan su veredicto:

«El avión se estrelló, a los 10.600 pies, contra la montaña de 11.000 pies, según muestra su altímetro destrozado o sea que al piloto le faltaron 400 pies para rebasar la cumbre. Volaba a la altura equivocada. «Conclusión: Error del piloto.

Hace varios años, un avión de American Airlines, con destino a Cali, se estrelló cerca de Tuluá. Ese avión era de tecnología de punta, no necesitaba ayuda exterior, solo control de tráfico, para evitar colisiones con otras aeronaves El controlador de Cali, sin embargo, fue detenido, traído a Bogotá, investigado. Un senador dijo por TV, al otro día del accidente que la culpa era la falta de ayudas aeronáuticas de Cali o de errores de los controladores aéreos, la culpa era de todo el mundo, menos de la tripulación o de la aviónica a bordo. El error fue– como tiempo después lo demostraron las investigaciones especializadas pertinentes– mala alimentación de las computadoras de a bordo, se equivocaron en los nombres y frecuencias de las radio–ayudas, y el avión puso rumbo automáticamente una de Bogotá. Sintonizó una radioayuda de Bogotá llamada Romeo, el mismo nombre de una radiobaliza de Cali.

En los cursos de aviación enseñan, muy acertadamente, que todo accidente de aviación es la culminación de una cadena de errores. La prevención de accidentes es saber identificar los primeros componentes de dicha cadena. Un accidente siempre avisa. Tal vez el único caso que no avisa una tragedia aérea es cuando cae un meteorito en un avión en pleno vuelo. Una falla en un avión siempre es el resultado de varios indicios previos.

Esto es valido no solo para aviación sino para cualquier medio motorizado. Para cualquier actividad humana los resultados finales siempre son la suma de pequeños indicios. Desconocerlos o ignorarlos es una invitación a buscar, después, culpables en otros lados.

Durante el curso de aviación, uno mira a su derecha al instructor y él es nuestro seguro de vida por si algo pasa, este experimentado piloto, me salvará piensa uno. El día que el instructor autoriza nuestro primer aterrizaje solo, es memorable.

Él ha supervisado como uno aterriza y efectúa las diferentes maniobras.

–Autorizado a efectuar su primer aterrizaje solo –Dice bajándose del avión en la pista de carreteo–.

La vida depende exclusivamente de la propia pericia. En el tráfico de la pista, cuando la torre autoriza aterrizar, la concentración es máxima. Finalmente cuando el avión sienta ruedas sin novedad, la alegría es inmensa.

–Sirvo para piloto de avión –Es la idea que a todos nos cruza–.

Uno se da cuenta que la única manera de sobrevivir es siguiendo correctamente los procedimientos. Las posibilidades de accidentes por fallas del equipo son mínimas, casi inexistentes. Si un piloto desconfía de su propia habilidad o conocimientos lo más prudente es que permanezca en tierra hasta que despeje dudas.

Finalmente terminé el curso. Mi madre me colocó en el pecho las alas insignia como Piloto Comercial de Avión, como lo había hecho, años atrás con las de Paracaidista Militar.

Recuerdo un percance que tuvimos, en el año 1996 tres pilotos en un avión Piper Turbo Arrow: despegamos de Guaymaral con destino a Villavicencio, el dueño, piloto privado al mando, yo a su derecha y otro piloto amigo atrás. Todo bien, hasta que teníamos abeam la represa de Sesquilé (a nuestra izquierda), el vuelo era VRF (visual) y estábamos alcanzando 11.500 pies, cuando surgió al frente nuestro un cúmulo nimbus en gestación.

–Incrementemos la altura en unos pies más –Le dije a mi amigo–.

Ahí ya seguíamos con control aéreo de EL Dorado, (aeropuerto internacional en Bogotá, Colombia), cómo medida de precaución. Pedimos autorización para un 360 (giro o vuelta) cuando la concedieron iniciamos la maniobra. Solo ganamos 500 pies más. Decidimos seguir.

Estábamos acercándonos a un punto de notificación aérea (Guateque) cuando nos vimos rodeados de nubes.

La mayoría de la gente no hace un seguimiento de la gestación de la masa nubosa sobre sus cabezas. Simplemente se percata si el cielo está con pocas o muchas nubes.

Se asombrarían si se dieran cuenta de la rapidez con que una nube se forma o desaparece. El aire húmedo al alcanzar su punto de rocío se condensa alrededor de pequeñas partículas sólidas suspendidas en el aire y se hace visible. En caso contrario, al llegar la nube a una zona de temperatura más alta las pequeñas gotitas de agua se evaporan y se diluye la nube.

Los cúmulos–nimbus es una nube especial de tormenta. Es de gran desarrollo vertical en el cual las corrientes ascendentes de aire caliente húmedo suben y al disminuir la temperatura se condensa formando una torre nubosa. Esto es lo que nos sucedió, en un momento no teníamos nubes al frente. Pasados unos minutos ya estaba allí un cúmulo–nimbus. Por otra parte los vientos procedentes de los Llanos Orientales, forman, a sotavento, unas fuertes corrientes descendentes, peligrosísimas para un avión, sobre todo, como el nuestro. Teníamos a nuestro alrededor todo tipo de peligros potenciales para la seguridad de vuelo

A los 5 minutos estalló la tormenta, se tornó todo negro, rayos iluminando y el avión como un corcho en una bañera y esta en un ascensor.

–Mantenga nivelado, el horizonte artificial. Yo le voy indicando el rumbo –Le dije–.

En esos casos, queda solamente tener controlada la actitud del avión, el rumbo es «casi» irrelevante. Súbitamente comenzó el altímetro a marcar girando rápidamente, un descenso vertiginoso de nivel. Yo traté de tomar el mando, con un gesto, pero el piloto que iba al mando gritó:

–¡Mío, mío, el avión!

Empleando correctamente la terminología aeronáutica para evitar que dos pilotos, simultáneamente, traten de controlar el avión. Me limité a observar el GPS y monitorear los instrumentos: El horizonte artificial, brújula magnética, palo y bola. La comunicación radiotelefónica pierde importancia en esos instantes.

En 15 segundos descendimos casi mil pies. En esos segundos, todos en silencio, yo por ejemplo esperaba el golpe y me consolaba pensar que sería tan fuerte que nadie sentiría nada. Pero, también recordé a mi madre y me acongojó su sufrimiento, vi también los titulares del día siguiente: «Accidente de avión deja 3 muertos». ¡Carajo!. En ese lugar cerca de Guateque hay montañas muy altas, yo creo que estuvimos rozando alguna. Nos salvamos por el excedente de altura que le pusimos.

Cuando la corriente descendente nos soltó, le dije a mi amigo:

–Mejor para atrás, ¿No le parece?. Vaya virando poco a poco a su izquierda y yo le digo cuando nivela.

Él no contestó nada, simplemente inició la maniobra, todavía sin visibilidad.

Llevábamos un GPS (Global Positioning System), pero por la tormenta eléctrica, no confiaba en las marcaciones de la brújula, busqué en el GPS la ayuda ZIP (NDB Zipaquirá). No amainaba la tormenta y si nos pasábamos de Zipaquirá corríamos el peligro de encontrarnos con unos cerros muy altos.

–Alfredo. Ponga suavemente rumbo 280, y tratemos de encontrar a Zipaquirá. –Le dije–.

–Bueno –Dijo Lacónico–.

Al marcar mi GPS que estábamos a 5 minutos de ZIP todavía no divisábamos tierra, no podíamos descender más por las montañas.

De repente divisé un hueco en medio de las nubes, y allí abajo ¡Zipaquirá! Estábamos salvados. Siempre he creído que a mí me ayuda Dios y la Virgen, gracias a las oraciones de madre.

Nos lanzamos al hueco y pusimos rumbo a Guaymaral, después de las notificaciones pertinentes. Ahí no terminó todo. Al llegar y entrar al circuito de Guaymaral, mi amigo al mando no me soltó tampoco el avión. Es natural en esos casos, él era el piloto al mando. Es válido que solo confiara en su pericia, aunque yo también deseara tomar el mando. Nos autorizaron y al accionar la palanca para bajar el tren de aterrizaje, las luces no encendían. Es decir no sabíamos si el tren había bajado efectivamente (y asegurado).

–Guaymaral, 1903 solicita sobrepaso, favor inspección tren de aterrizaje abajo y asegurado, comuniqué por el por el micrófono.

–1903 autorizado –Respondió la torre–.

Por Cota iniciamos viraje para la pista 01. Nivelamos a 100 pies sobre la pista, la sobrevolamos, inmediatamente ascendimos para seguir en el circuito. El controlador: dijo:

–1903 tren abajo y aparentemente asegurado, confirme sus intenciones

Todos nos miramos. Nadie dijo nada.

–Guaymaral 1903. Solicitamos permiso para aterrizar –Dije–.

–1903. Autorizado. Le informo que carro de bomberos lo acompañará en la maniobra

–Recibido –Manifesté–.

Hice el procedimiento indicado para esa emergencia: Desasegurar puertas. Correas de pecho aseguradas. Selectora tanque más lleno. Apagar equipo, apagar radios, master off.

El Piper Turbo Arrow es un monomotor de plano bajo, es decir, a diferencia de los de plano alto, como el CESSNA tiene las alas más cerca del suelo, y es allí donde están los depósitos de combustible. Si el tren no estaba asegurado, al aterrizar, las ruedas se retraen y entran en contacto inmediatamente con el asfalto de la pista a 100 Km/h, las alas llenas de combustible de alto octanaje. Sobra decir más. Al acercarnos a la pista vimos en la paralela el carro de bomberos con sus luces de alarma listo a acompañarnos en el aterrizaje.

Todos permanecimos callados. En algunas películas o libros (¡ah!, escritores) sale en casos parecidos que hay despedidas, lágrimas de pasajeros. Creo que es mucha imaginación narran cosas que en realidad nunca se dan. Que para salvar al mundo de la destrucción, o a un país de un ataque, recurren al último recurso que es generalmente un piloto con ataques epilépticos, medio loco, drogadicto o borracho, y así lo mandan a la misión. Que tontería.

Aterrizaríamos lo más suave que pudiésemos. El vehículo de bomberos listo al acompañamiento desde la pista de rodaje. Yo listo a abrir la puerta y tratar d salvar el pellejo lo más rápido posible al menor ruido de retracción del tren de aterrizaje. La situación de los demás era más grave ya que yo estaba al lado de la única salida de escape. El contacto de las ruedas con la pista fue suave y al perder sustentación los planos, las ruedas se afirmaron fuertemente sobre la pista sin retraerse. No había pasado lo que temíamos. En la cabina todos empezamos a hablar al mismo tiempo. En los momentos de crisis lo más conveniente es no perder el control de la situación, aunque el miedo nos invada. Según los comentarios de mis amigos de aventura yo era el más miedoso de los tres porque palidecí. Ellos, pálidos, me aseguraron que no sintieron miedo.

Aquí hago un paréntesis para contar que ante mi insistencia a un amigo para que su avión privado lo volviera comercial en Villavicencio, y lo pusiera a trabajar conmigo como piloto, accedió. El día del percance cerca de Guateque íbamos a llevar el avión para Villavicencio.

Posteriormente le presenté al dueño de una pequeña empresa, lo afilió como comercial, y faltando varios días para empezar a trabajar me dijo:

—Libardo, yo le voy a dar el avión por 15 días a un piloto que me recomendaron pero después usted será el piloto oficial.

Yo le había advertido que en el aeropuerto Vanguardia existían muchos pilotos sin empleo y algunos de ellos se valen d cualquier recurso para obtener trabajo, no me creyó o se hizo el bobo. A los 3 días se accidentó el avión. Le habían dicho que yo estaba aterrizando mal. Unas semanas antes había estado un reconocido periodista quien estaba escribiendo un libro sobre aviación, yo tenía deseos de relatarle el caso del espejo y las señales en el Vaupés.

No hay otra profesión en Colombia más controlada como la aviación. No hay trabajo. Naturalmente existen circunstancias que mantienen vigilada constantemente como el narcotráfico y la represión justa a esa actividad ilegal. Pero todos nos convertimos en sospechosos. Hice la adición a mi licencia de piloto, como copiloto del avión DC3, gracias a la ayuda de un piloto dueño de un DC3 quien me facilitó en entrenamiento el avión, para hacer las horas de vuelo, necesarias después del riguroso curso de tierra, avalado por la Aerocivil, a principios de 1998.

Por cada avión, en Villavicencio, existen muchos pilotos haciendo cola para conseguir trabajo, esperando una oportunidad. Cuentan que en tiempos pasados el piloto candidato a trabajar tenía que pasar por un proceso de selección el cual incluía limpiar tornillos con gasolina, barrer el taller y estar dispuesto a cualquier oficio. Lástima porque encantado lo hubiese hecho. Ahora tiene uno que luchar contra envidias profesionales, murmuraciones y contar con buenos padrinos que lo recomienden. Como yo no tengo alma para tratar con toda esa parafernalia de pre—requisitos dejé de frecuentar el aeropuerto. Es incontrovertible que la aviación civil ayudó a la ampliación de oportunidades para muchas personas que se internaron a sitios apartados donde no llegaba otro medio de transporte. Muchos pilotos y empresas aéreas pusieron su cuota de sacrificio para el progreso de Colombia.

ANECDOTA GEORGE–GUERIMA

En Febrero de 1998, terminado el curso de tierra para adicionar a mi licencia el equipo DC 3 era necesario completar 30 horas como observador en vuelo, pero también se toman los controles y se aprenden todas las técnicas de operación del avión. En una de esas prácticas un extranjero a quien conocí casualmente en la oficina de un amigo abogado quien lo asesoraba en un pleito con la exesposa, quiso conocer en un vuelo a Guerima (Vichada), donde la guerrilla, en esa época, controlaba el ingreso y salida de las personas. Ese día hubo mal tiempo casi todo el trayecto, muchos cúmulos–nimbus. Ya en altitud de crucero fue necesario utilizar el radar meteorológico para esquivar los núcleos de tormenta, los cuales aparecen de color rojo en la pantalla. Fuimos castigados con granizo y un fuerte sonido al golpear el fuselaje del avión.

Yo estaba en ese momento al mando. Al entregarle el control al comandante, e ir al baño en la parte posterior les pregunté a los pasajeros:

–¿Movidito un poco, no?

–SÍ Capitán. Parecía que le estuvieran tirando piedras al avión. –Respondió una chiquilla–.

–Es granizo. Todo está bien –Le manifesté–.

Aterrizamos en Guerima donde una tormenta, que recién terminaba, había dejado el cielo despejado. Una llanta del tren de aterrizaje pinchó en la maniobra de rodaje. Allí almorzamos mientras el mecánico habilitaba la llanta y por carecer de un gato hidraúlico se demoraba y no podríamos regresar ese mismo día. Había en ese momento varios guerrilleros uniformados con camuflado y armas automáticas observando de lejos la escena.

–¡Oh!, ¡Ejército! –Dijo Georgel[19]–.

–No. No son del Ejército. –Le respondí sin manifestar mi preocupación–.

En ese momento llegó otro avión DC 3, al mando del capitán Yuri[20]A principios de 1999, cuando yo estaba en Ammán (Jordania), me enteré por CNN Internacional del accidente aéreo en el cual pereció el capitán Yuri cumpliendo la ruta Cúcuta–Yopal.

–Capitán Yuri. ¿Usted podría hacer el favor de llevar a un amigo a Villavicencio? –y le señalé a George–.

–Claro, no hay problema –Me dijo–.

George estaba escuchando nuestra conversación

–Libardo, yo me quedo también. Quiero ayudar a la reparación.

–No, George. Es mejor que se vaya. –Dije mirando de reojo a los guerrilleros–.

–Vea George –Le insistí en voz baja–. Aquí de pronto esos señores se dan cuenta que Usted es extranjero y puede ser problemático para Usted. ¿OK?

George entendió y fue el primero en abordar el avión cuando el capitán Yuri lo dispuso. Respiré aliviado cuando el avión tomó carrera de despegue y se elevó en el aire. Nosotros, al otro día regresamos a Villavicencio.

Por la misma época un piloto amigo me comentó:

–Voy a ingresar a la Universidad en las horas de la noche.

–Me parece muy bien. ¿Va a abandonar la aviación?

–Sí, estuve averiguando y la carrera de piloto no aparece en los folletos de las carreras aprobadas por el Ministerio de Educación Nacional. Para ellos es un oficio artesanal –Comentó compungido–.

–¿Y usted qué opina? –Nosotros debemos someternos a rigurosos exámenes médicos semestralmente y anualmente a evaluaciones técnicas– ¿No le parece que la Entidad que nos controla –la Aerocivil– es tan importante como el Ministerio de Educación Nacional? –Le manifesté–.

–Sí pero de todas maneras no es una carrera oficial para ellos según me dijo una amiga que sabe del tema. Somos algo así como artesanos... –Dijo–.

–¿Parecidos a fabricantes de ollas de barro? –Le interrumpí–.

–Pues vea mi amigo. Que no aparezca la aviación en los folletos del ICFES[21] es irrelevante. Lo importante es Usted como se considera –creo que desempeñamos una de las profesiones más exigentes–, dígale a los pasajeros de un vuelo internacional que el piloto al mando no es profesional según su amiga –Le manifesté–.

¿En cual otra actividad se exige cada seis meses un completo chequeo médico y cada año una evaluación técnica para poder seguir laborando?

–No, pero...–Tartamudeó–.

–Si quiere estudiar otra cosa es muy loable, pero no lo haga por el comentario de su amiga –Remató–.

Mucho tiempo después me enteré que había culminado con éxito otra carrera profesional.

En el mundo actual existen muchas actividades en las que los practicantes se les identifican como profesionales del ramo: Snowboard, Rafting, ciclistas, boxeadores, cantantes...

Pero lo más grave que les puede ocurrir es que se maten en un accidente durante la práctica. Un piloto de avión es responsable de la vida de sus pasajeros.

Recuerdo una conversación con un conocido quien me preguntó porqué los pilotos de avión, aún civiles, les dicen capitán–

–Capitán o comandante es la persona que va al mando de un barco, o una aeronave militar o civil. Es el responsable de la vida de las personas que transporta. En altamar el capitán de un barco es el supremo jefe del barco, manda y todos le tienen que obedecer. Lo mismo ocurre en un avión en vuelo, eso es reglamentado por la OACI (Organización de Aviación Civil Internacional).

–¿Y si le ordenan aterrizar y no aterriza?

Se refería a una interceptación lícita en el caso de aviones de los que se sospecha están realizando vuelos ilegales o no controlados aeronáuticamente.

–Existen procedimientos estipulados para su eventualidad. Si el piloto considera que determinada pista no es apropiada puede dirigirse a otra. Una vez allí lo pueden poner preso si lo desean o comprueban que está en actividades no permitidas. ¿Cómo pueden saber si está siendo objeto de una interceptación ilícita o secuestro en vuelo? Por eso es aventurado derribarlo sin más comprobaciones.

–Sí. Pero...

–Lo que pasa es que existen otras consideraciones que es necesario estudiar o revisar...

BARRANCOMINAS

Barrancominas era un mundo aparte. A principios de la década del 80, como funcionario de la Secretaría de Educación del Guainía, visité el establecimiento educativo de la localidad para iniciar trámites con el fin de lograr su aprobación oficial como colegio de bachillerato. En esa época no se vislumbraba subversión alguna.

En plena década de los 90 el control comercial y el tránsito de personas lo ejercía la guerrilla. Eso lo debían saber los Organismos de Inteligencia del Estado ya que los aviones de inteligencia colombianos y americanos sobrevolaban periódicamente el pueblo y en general toda esa zona, especialmente después que llegaban vuelos nocturnos. Igualmente debían tener inteligencia en esa zona. Allí nadie pregunta nada y nadie sabe nada; si alguien preguntaba cosas delicadas era expulsado o amonestado.

Hoy en día existe allí una base militar y el control lo ejerce el ejército y la Fuerza aérea.

Meses antes, cuando estaba haciendo las horas de vuelo para adicionar como co–piloto de DC–3, un pistón del motor derecho se rompió, pernoctamos mientras llegaba el repuesto.

Volábamos la ruta Villavicencio–Barrancominas– Inírida–Barrancominas–Villavicencio. Habíamos despegado del aeropuerto de Vanguardia de Villavicencio y el comandante Mauricio Coral me cedió el control del avión cuando cruzamos el VOR.

–Su avión –Me dijo– y tomé los mandos.

Lo llevé hasta tener a la vista Barrancominas, ya en descenso.

—Su avión—le dije— y le cedí el avión al Comandante de la nave. Descargamos. Se bajaron unos pasajeros, se subieron otros para Inírida y despegamos. A los 35 minutos el motor derecho, comenzó a trepidar. El capitán, Mauricio y el copiloto estaban al mando. Yo ocupaba un asiento trasero con la mirada fija en el motor causante del ruido por una ventanilla; el comandante embanderó hélices después de apagarlo y le dio máxima potencia al otro motor. Regresamos a Barrancominas, ya que al frente teníamos otra tormenta.

El DC–3, cuando trabaja con un motor a máxima potencia pierde tracción y velocidad, dando como resultado un descenso constante. Con los mecánicos y cuadrilleros arrojamos la carga de los pasajeros a excepción de una motocicleta y equipajes.

—No arroje más carga —Dijo el capitán Mauricio Coral—.

Seguimos, el Guaviare, río arriba para encontrar Barrancominas, el avión continuaba en descenso suave a 100 pies por minuto logrando un aterrizaje exitoso, siendo necesario pernoctar 3 días porque el motor tenía el cilindro roto.

En otra ocasión antes de llegar a Barrancominas como pasajero en un avión Saratoga, volábamos cerca de un caserío llamado Guerima y en ese momento unos aviones de la Fuerza Aérea estaban en operaciones de combate con la guerrilla. Un avión Tucano se acercó a nosotros a identificarnos visualmente e inmediatamente se retiró. Como nuestro vuelo era legal y estábamos con control de tráfico de Villavicencio no nos preocupamos pero en realidad es intimidante ver un avión de guerra, con toda la parafernalia de armamento muy cerca y al piloto con la mano en el disparador.

En una oportunidad, a principios de la década pasada, viajaba por el río Guaviare, en misión oficial como Coordinador en el Guainía de los Programas de la Primera Dama de la Nación, vi a un guerrillero de tez negra, en uno de los tantos retenes que monta la guerrilla, los demás de decían camarada. Después supe su nombre: Acacio.

Nunca cruzamos más de dos palabras aparte de un buenos días en los retenes que acostumbran a montar en los ríos para controlar la identidad y actividades de los viajeros. En ese entonces— 1992— el comandante por esos lados era otro guerrillero de nombre Yon 40.

Ese día del desperfecto mecánico en un motor del DC–3 en Barrancominas, el comandante guerrillero Acacio me mandó a llamar:

—Señor, ¿Usted es ahora piloto? —Me preguntó—.

–Si señor –Le dije–

Me miró de arriba a bajo. Creo que desde ése momento me tuvo desconfianza. Nunca existió algo parecido a amistad, solo el trato que le daban ellos a la mayoría de los habitantes de sus zonas de dominio.

–¿Qué le pasó al avión?

–Un pistón roto –Le contesté–. Pero no demora mucho el arreglo.

–Ah bueno –Dijo sonriendo–.

–¿Se van a demorar mucho? –Añadió–.

–Hasta que llegue el repuesto, tal vez dos o tres días –Respondí–.

–Que sea seguro –dijo marchándose–.

Un avión DC–3 pernoctando en Barrancominas, así sea por fallas técnicas, atrae la atención de las autoridades y eso no era del agrado de la guerrilla.

Además creo que le pareció sospechoso que yo regresara a esas regiones como piloto. Debo tener una fisonomía muy familiar a todo el mundo porque a donde llego alguien me pregunta...

–¿Dónde nos conocimos? Yo lo he visto a usted antes...

Si la zona donde llego es de presencia militar yo les recuerdo el rostro de una persona guerrillera, si es de presencia guerrillera, no falta el alzado en armas que diga que yo le recuerdo a determinado militar o paramilitar– más adelante relato un caso– que les atormentó la vida en otros lugares. Realmente son situaciones incómodas.

EMPIEZA MI ODISEA

Y aquí llegamos al principio de mi calvario, que estoy padeciendo. En Septiembre de 1998, y ante necesidad de buscar trabajo solicité a un piloto dueño de un DC–3, el mismo que me había permitido hacer las prácticas en su avión y los chequeos para la adicción en ése equipo, una oportunidad para periódicamente reemplazar en vuelo al copiloto y seguir practicando su operación. Sin remuneración mientras hubiera una plaza disponible según me dijo. Le agradecí ese gesto.

Así es como aterrizamos en Barrancominas. En una de esas prácticas un muchacho en una moto se acercó:

–Capitán –Me dijo–. Lo necesita un señor en el pueblo.

Si un tipo en una moto, en Barrancominas dice que alguien lo necesita, uno piensa que es un guerrillero o miliciano y es mejor obedecer. Aquí no había presencia militar ni de policía del Estado. La autoridad, en todo aspecto, es ejercida por ellos.

Me subí con él a la moto. Entramos a una casa con un patio grande donde había mucha gente. Se acercó un señor moreno, con leve acento de una región del sur de Colombia.

–¿Usted es piloto? –Preguntó–.

Yo, con pantalón negro, camisa blanca con presillas, las alas en el pecho, gafas Rayband y un poco receloso, levanté la cabeza:

–Sí señor, ¿usted me necesita?

–¿Le interesa un trabajo? –Preguntó–.

–Depende del trabajo –Respondí tratando de recordar si ese rostro lo había visto antes–.

Yo había estado meses antes, después de la varada, unas semanas en Barrancominas. Por dos motivos: uno por no abandonar totalmente la región. Seguían intactas mis aspiraciones políticas. Dos, por ver que actividad productiva realizaba mientras tanto, ya que conseguir trabajo de aviador estaba difícil.

Afortunada –¿O desafortunadamente?– no había conseguido nada.

Pensé que me iba a ofrecer como trabajo traer o llevar coca, cosa que nunca he hecho por tres razones: 1. La operación es ilegal. 2. No sabe uno con qué clase de personas está tratando. 3. La operación aérea de noche, es siempre crítica, el mantenimiento deficiente o desconocido y sin informes meteorológicos confiables.

A esto habría que agregar la inteligencia humana y electrónica con satélites incluidos sobre éstas zonas. En una ocasión traté de ingresar a vuelos de ésa clase y me encontré que es un mundo muy cerrado donde reina la desconfianza.

–¿Coca? –Me atreví a preguntarle–.

–No –Contestó–. Pero tiene que ver con aviación.

–¿Cuánto demora el avión aquí?

– Media hora –Dije mirando el reloj–

–¿Está interesado? –Interpeló–.

–¿Es algo ilícito?

–No.

–Sí me interesa, ¿De qué se trata?

Yo sabía la responsabilidad al contestar afirmativamente ya que implicaba que me tenía que dar más detalles y después era difícil echarme para atrás.

Alguien arrimó unas sillas.

Nos sentamos y dijo:

–Yo soy General del Ejército Peruano, estoy en una misión delicada. Vamos a traer equipos para la defensa de nuestras fronteras. Como estamos en conversaciones de paz con Ecuador, no puede divulgarse que clase de misión es. Es supersecreta. Vamos a comprar unos equipos de inteligencia electrónica en otro país y los vamos a llevar en avión a una pista secreta en nuestra selva peruana. El país donde vamos a comprar los equipos es lejano, el piloto no debe saber sino hasta último momento, las coordenadas de la pista, y la labor suya es dar las coordenadas al piloto al mando, cuando se aproxime a Iquitos.

Iquitos es una populosa ciudad en medio de la selva Amazónica peruana.

–¿Y por qué no le dan de una vez las coordenadas?

–Porque hemos tenido casos que nunca vuelven a aparecer, es decir no llegan al lugar acordado. Se roban todo. Además queremos mantener en secreto la pista –Contestó muy seguro de sus palabras–.

–¿Y por qué no contratan un peruano? –Pregunté–.

–Queremos mantener alejados de esto a más peruanos[22] para mantener en secreto, el mayo tiempo posible, la ubicación de la pista ya que hasta el momento sabemos su ubicación unos pocos. Después le daremos las coordenadas a Usted. –Me dijo–.

–¿Qué es lo que transportan? –Pregunté algo extrañado–.

–Equipo electrónico para vigilar nuestras fronteras.

–¿Por qué escogieron éste lugar para buscarlo? –Me atreví a preguntar–.

–Porque aquí llegan muchos pilotos. Además los pilotos colombianos conocen mucho de selva y no se dejarán engañar por el piloto que venga al mando del avión si es que se le ocurre robarnos los equipos[23].

Tenía respuesta rápida para todo. No vi ninguna ilegalidad en esto, no era nada contra Colombia, no era droga.

–Sí me interesa –Le reiteré–.

Si existe algo turbio en esto no haré nada –Pensé.

–Prepare su pasaporte. Venga en 10 días y le doy más detalles. –Ahora, con perspectiva histórica, si yo hubiera conocido el tipo de operación cuando fui contratado y si yo hubiese aceptado: ¿Sería yo tan tonto de haber viajado con mi nombre verdadero en todos los documentos legales? En hoteles, aeropuertos me identifiqué plenamente. Además: ¿Cómo podía comprobar la veracidad de esto? Me pareció una tontería ir a la embajada Peruana o a la Policía Colombiana para verificar si en realidad era una operación secreta y legal.

El "general" peruano me había dicho que respecto de los honorarios lo hablaríamos después, pero que sería una cifra satisfactoria. Lo discutiríamos la próxima vez que nos viéramos. A mi regreso a Barrancominas me entrevisté con alguien quien me aseguró que era el mismo con quien yo había hablado anteriormente.

–Tiene que viajar a París, allí se encontrará con un señor de nombre Camilo. Es mi hermano. Él le dará más datos.

–¿Cuánto me van a pagar? –Le pregunté, teniendo ya listas mis peticiones financieras–.

–No se preocupe por eso –Me dijo– UD. va a tener dinero suficiente. Además, nosotros tenemos aviones AN–32 para los cuales necesitamos pilotos. Si Usted desea después de ésta operación le ofrecemos un trabajo como piloto comercial en nuestro país. –Añadió–.

Ese avión ruso me parece fuerte y seguro, no obstante que el consumo de combustible es alto. Creo que fué5 el motivo para aceptar sin más dilación.

–Bueno. Acepto el trabajo, ¿Cuánto es mi retribución económica?

No se dio por aludido.

– Las coordenadas se las daremos por radio cuando entre a territorio suramericano

–¿Cuánto me van a pagar? –Insistí–.

–Tranquilo– Me dijo–. Aquí tiene dinero para pasajes y gastos. En París se le entregará más. Hospédese en un hotel de Bogotá. Llámeme a este número telefónico (teléfono satelital), para darle instrucciones.

–¿Ustedes tienen GPS?

El Global Position System es un equipo portátil, un procesador que se comunica continuamente con varios satélites simultáneamente y en una pequeña pantalla muestra las coordenadas del sitio donde se halle la unidad. Es muy sencillo su manejo.

–Usted le dice a mi hermano que equipo necesita. El se lo compra.

Colombia es un país con un PIB[24] que ronda los USD 2000 y alto índice de desempleo. Un país rico en recursos naturales pero con la gran mayoría de la población por debajo de los niveles de pobreza. Si alguna persona le ofrece a uno empleo y aparentemente lícito, es

   utópico esperar que la persona al quien le ofrecen el empleo se convierta en un investigador del pasado judicial o historial del posible empleador.

En la cárcel conocí, sin embargo mucha gente que le arrendó habitaciones o casas a personas y luego resultaron ser delincuentes. El arrendador, la mayoría de las veces inocentes, encarcelados, y el pillo huyendo.

Esa negativa de llegar a un acuerdo económico no constituyó un obstáculo para mí. Mi interés principal se centró en la oferta de futuro trabajo con los AN–32 para el futuro. El solo hecho que alguien me ofreciera trabajo era sorprendente por lo inusual. Era raro pero no por ello podía inferir una automática ilegalidad.

Si yo hubiera tenido dinero en Ammán, cuando me enteré de la supuesta realidad de la operación, otro gallo me cantaría hoy, de alguna manera habría intentado llegar al aeropuerto para abordar un avión y salir del país.

Viajé a Bogotá y tramité un pasaporte nuevo ya que el anterior estaba vencido.

Estaba en un hotel de la calle 63, de nombre Lourdes. Llamé al número de teléfono que me había dado el "General".

–Estoy listo para viajar –Le dije–.

–Se está demorando mucho, mi hermano está ahora en Ámsterdam, compre pasaje Bogotá–Amsterdam–Ammán.

Fui inmediatamente a una agencia de viajes en la calle 19 arriba de la carrera séptima:

–Por favor un pasaje para Ammán, Jordania –Pedí a un vendedor–.

–¿Tiene visa? –Me interrogó–.

–Para Jordania no tengo –Le repuse–. ¿A dónde puedo conseguirla?

–Aquí en Colombia, no se consigue –Me dijo devolviéndome el pasaporte–.

Recuerdo que alguien me dijo que tendría que viajar a Chile para tratar de obtener la visa o a Estados Unidos.

Llegué al hotel y comuniqué la mala noticia por teléfono.

–Espere yo llamo a mis amigos de Ammán. Y colgó.

Más tarde me llamó.

–Le enviarán un fax de la Corte de Jordania a la línea KLM de Bogotá.

Al otro día fui a las oficinas de KLM, en Bogotá y no había llegado nada. Esa noche me llamó el General enojado:

–¿Qué pasa, porqué no viajó?–

–Porque no ha llegado el fax a KLM.

Averiguó y lo habían enviado era a Ámsterdam, donde está la matriz de la empresa.

–Viaje a Lima. De allí podrá salir sin problemas. –Dijo–.

Esa noche me llamó al hotel un tipo que se identificó como Jose, tenía el mismo timbre de voz que el General.

–¿Porqué no ha viajado?. Si no puede viajar díganos y conseguimos a otra persona.

–No señor. Ya pronto estoy allá. Tengo problemas por la visa de Jordania. Viajo a Lima para tomar allá el avión rumbo a Jordania.

–Ah bueno. No se demore.

Qué tonto, estaba afanado porque peligraba mi posibilidad de ser piloto de aviones Antonov.

Madrugué y compré un pasaje para Lima, era el 9 de Noviembre de 1998. En el aeropuerto Internacional El Dorado de Bogotá me encontré con un político de Inírida que había conocido hacía varios años, cuando yo era funcionario público y él Consejero Comisarial (cuerpo Legislativo del Guainía, Hoy Asamblea Departamental). Existía el trato natural de dos personas con cierto nivel como funcionarios públicos en un pueblo pequeño.

–Hola. ¿Para donde viaja? –Me dijo–.

–Para Lima –Le respondí–.

–Yo también– Manifestó–.

Él no preguntó el motivo de mi viaje ni yo tampoco lo hice.

Al llegar al control del DAS presenté el tiquete y el pasaporte. El funcionario digitó unos datos y observó la pantalla. Repitió la operación y me dijo:

Señor –No puede viajar, acompáñenos a la oficina–.

Se acercaron otros hombres con radios portátiles y me escoltaron hasta las oficinas de esa Institución de Seguridad. Allí después de muchas consultas en los computadores y llamadas telefónicas me entregaron el tiquete y el pasaporte. Tenía una restricción para salir del país.

Hacía varios años me había separado de mi última esposa con la cual tenemos una hija. Por la demanda que la mamá había instaurado, yo tenía restringidas mis salidas del país, según me informaron. Necesitaba permiso del Juzgado.

Llamé a mi ex–esposa y ella me ayudó a tramitar el permiso.

Los señores del DAS afirmaron por escrito a la Fiscalía que tenía mi caso, en el 2002, que yo sí había salido el 9 de noviembre de 1998; no es cierto, como lo comprueban los tiquetes aéreos y mi pasaporte.

Viajé, realmente, a Lima el 12 de noviembre de 1998.

En el aeropuerto de la capital peruana estaba esperándome una persona con aspecto de oficinista. Me llevó a un edificio grande con oficinas amplias. Después me enteré que se llamaban Nippon Corporation. Me pidió el pasaporte, arregló una cama en un cuarto y allí estuve varios días. Me advirtió que no hablara con nadie. No llamé a Colombia. Apenas cruzaba palabras de saludo con la gente que llegaba a la oficina.

A los pocos días, después de salir diariamente en compañía del mismo señor y una vez con la secretaria, a comer, me dijo:

–Viaja hoy.

RUMBO A JORDANIA

Puso un tiquete y mi pasaporte en la mano, para la ruta Lima–
Amsterdam–Ammán.

Me acompañó hasta el aeropuerto. Una funcionaria de la empresa me
entregó un papel de la empresa en el cual decía que el permiso de entrada a Jordania estaba en Ámsterdam. Abordé la moderna aeronave.
Hicimos escala en Curazao, en el mar Caribe.

Casi todas las islas son de origen volcánico y me dediqué a contem-
plarlas por las ventanillas. Los fenómenos de la naturaleza siempre me
han interesado y por ello soy ávido lector. Volaba encima de las cálidas
aguas de la corriente del Golfo generadoras de los intensos huracanes
que arrasan periódicamente ésta islas.

Al Llegar a Ámsterdam los funcionarios holandeses, me pidieron el
pasaporte y me dijeron de la falta de visa para poder entrar a territorio
Jordano.

–No puede entrar al país –Dijo en inglés un agente aduanero–. Ud. no
tiene visa para Jordania.

–Estoy en tránsito –Repuse–.

–I´m sorry...

Estaba en una cola y los que estaban detrás de mí empezaron a impa-
cientarse. Decidí buscar ayuda en la aerolínea KLM que me había traído.
En los pasillos del gigantesco aeropuerto busqué las dependencias. Me
decidí por la empleada que estaba sin atender público. Era una holandesa de cabellos rubios y ojos azules, estaba al frente de un computador.
Me recosté en el mostrador y empecé a practicar mi pronunciación del
inglés:

–¿May you help me?. Please, Can you help me?

Después de explicarle, ella vio en la pantalla del computador un mensaje del Gobierno Jordano dirigido a KLM, y me dijo que la acompañara a
hablar con los agentes aduaneros holandeses. Les dijo algo en holandés, e
inmediatamente me colocaron sellos para autorizar mi entrada a Holanda[25].

–Welcome –Me dijo–.

Tomé un autobús, el cual me dejó a la entrada de un hotel, dentro del
aeropuerto. El frío era intenso, yo no tenía ropa apropiada. Estaba empezando el invierno en el hemisferio norte. Aunque podía entrar a Holanda decidí permanecer cerca al aeropuerto. Llamé a un teléfono que me
habían suministrado para comunicarme cuando llegara a Ámsterdam.

De todas maneras me habían dicho que me estarían esperando en el aeropuerto.

—Aló —Contestaron—.

—Soy Libardo, llegué hoy a Amsterdam

—¿Dónde está alojado?

Le dije el nombre del hotel

—Nos vemos mañana a las 8 A.M. en la entrada 5.

—OK —contesté—.

Era de noche. En el bar del Hotel, me tomé una cerveza, regresé a la habitación y me acosté. Yo estaba preocupado, porque solamente tenía USD 100, me alcanzó para pagar el hotel y 2 comidas.

A la madrugada tomé el autobús para la entrada 5, lugar de la cita con Camilo.

No encontré nadie parecido a la descripción que me habían dado. Caminé por los pasillos buscando en varias entradas. Al cabo de una hora de búsqueda lo encontré. Lo reconocí de inmediato por las señas que me habían dado de él. Estaba en compañía de un tipo de bigote, con canas algo prematuras, quien se presentó como Mario.

Caminamos por los pasillos de ese gigantesco aeropuerto, el Shipol.

—¿Porqué se demoró en llegar?

Le expliqué las causas.

—Nosotros íbamos a contratar a otra persona si usted no llegaba hoy.

No dije nada.

Tal vez la providencia me puso trabas para ese viaje y yo, tercamente, luché para ir a caer en una encrucijada.

—¿Qué necesita comprar? —Preguntó Camilo—.

—El GPS (Global Position System) —le contesté— y el radio de banda aérea...

Dentro del aeropuerto en un almacén de artículos electrónicos compró un GPS Garmin III como yo le pedí. El radio no lo encontramos. Abordamos el avión de KLM, un enorme 767 con pasajeros de todas las nacionalidades, dada sus fisonomías e indumentarias. Al despegar se divisaba claramente los contornos del aeropuerto y de Ámsterdam. Agua por todos lados.

Entramos a cielo alemán y cruzamos varios países de Europa central. Estábamos siguiendo, aproximadamente, una ruta ortodrómica, con unas pocas desviaciones por las aerovías establecidas, la más corta para llegar a Jordania.

Después de varias horas, llegamos a Ammán. No intercambiamos palabras, solo las necesarias. Era el 21 de Noviembre de 1998. En el aeropuerto Alia nos estaba esperando una persona, la cual nos pidió los pasaportes, les pusieron unos sellos y luego abordamos unos autos para dirigirnos a la ciudad.

Nos hospedamos en el AMRA FORUM HOTEL, un edificio de 12 pisos, grande y con todos los servicios modernos. Allí había turistas de todo el mundo.

AMMAN (JORDANIA)

Ammán, la capital de Jordania, a poca distancia del Mar Muerto es una ciudad construida sobre suaves colinas con típicas edificaciones blancas de aspecto sólido, modernos edificios, hoteles para todos los estratos sociales. En sus calles se ven turistas de todo el mundo, mercaderes palestinos y jordanos quienes coinciden en lugares y centros comerciales. Por compartir fronteras con Irak, Arabia Saudita, Israel, Siria, Líbano y Palestina, es un mundo cosmopolita donde confluyen Beduinos de varias nacionalidades y Servicios de Inteligencia de las principales potencias. Allí se encuentran todas las ideologías con sus respectivos conflictos y ha sido epicentro de muchas confrontaciones, incluida la guerra de los Seis Días y plataforma para vigilancia electrónica y humana entre diferentes protagonistas. Jordania tiene varios milenios ricos en historia y acontecimientos que determinan muchos aspectos de la vida occidental actual y sus gentes son simpáticas y amables.

En el ascensor del hotel uno se puede encontrar, sin darse cuenta, con espías, mercenarios, agentes secretos israelíes, rusos, gringos, británicos, árabes o de cualquier país del mundo. También muchos turistas, sacerdotes y feligreses conociendo la tierra en que nació y murió Jesús.

AMRA FORUM HOTEL

Conocí, casualmente, atractiva médica Palestina. Me habían dado instrucciones de no salir del hotel cuando Camilo y Mario salían de él.

Una tarde entré al ascensor para ir a la cafetería del primer piso a tomar un café. Ella entró con varias personas al ascensor. Yo me encontraba al frente de los controles. Le pregunté en inglés que botón quería oprimir. Después ella me preguntó:

—¿Where Do you come from?

–South america –Respondí–.

–¡Ah! –Dijo–. Por fin encuentro a alguien par conversar un poco en español.

Me manifestó que había estudiado medicina en España, era palestina y en ese momento estaba en un congreso en el hotel. Conversamos todo esto después de llegar al primer piso. Intercambiamos tarjetas de presentación y nos despedimos. Nunca más volví a verla.

Un día de Diciembre de 1998 yo estaba con Camilo y Mario en el hotel, viendo el menú, (escrito en Inglés y Árabe), para desayunar. Todos los días para el almuerzo o comida pedíamos un exquisito plato típico árabe, el cual era muy parecido a la comida de nuestros países. Las carnes eran de cabrito y pollo y las salsas similares a la del bistec a caballo. Para cambiar acordamos ordenar: Jugo de naranja, chocolate y huevos revueltos. Levanté el auricular y marqué el indicativo de la cocina. Me contestó alguien en idioma Inglés con marcado acento árabe. Le manifesté qué deseábamos de desayuno:

–and eggs –Le dije–.

–What? –Me preguntó–.

–Eggs, eggs– Repetí

–¿What?, ¿what? –Insistía–

Yo no sabía decir "huevos" en árabe

–Look –Repuse–.

–Listen me –Añadí–.

–Ok –Dijo–

–Good –Contesté y seguidamente imité la voz de las aves que los ponen–.

–¡Kikirikí! ¡kikirikí! –Grité–.

–¿Do you understand? ¡Put. put, eggs, eggs! –Rematé–.

Después de escuchar dos veces esta dramatización dijo:

–Ok, ¿one, two?

–Three –Respondí–.

–Please, now –y colgué–.

A los 15 minutos timbró el camarero, entró impecablemente vestido de blanco, empujando el carrito con los desayunos. Nos preparamos para pasar al comedor. Colocó las servilletas y demás utensilios, prolijamente, para los tres comensales, se dirigió a traer las grandes bandejas con sus tapas de aluminio

–Es mucho ceremonial para unos huevos de desayuno –Pensé–.

Al destapar las bandejas todos nos miramos sorprendidos: ¡Eran tres pollos!

Eso me pasó por confundir la voz de los gallos con la voz de las gallinas. Posteriormente me enteré que quien contestó en la cocina era un egipcio y que el sonido de la pronunciación eggs era muy similar a una palabra árabe con otro significado.

Desde que llegamos al AMRA, me recordaron que ellos saldrían y yo debería permanecer en las habitaciones. Solo días después me llevaron afuera a unas comidas con ellos.

Nunca asistí a reunión alguna en que se hablara de negociación o al menos en que yo hubiera tenido que intervenir.

En los primero días de mi estadía en Jordania, la comida árabe, no me llamaba mucho la atención, pero al poco tiempo me gustaba mucho. En cierta ocasión, en una comida le di un mordisco a una especie de pepino cohombro pequeño que resultó ser una especie de ají desconocido para mí. Inmediatamente sentí fuego en la boca, corrí hacia los servicios de baños. Todos se sorprendieron y me preguntaban, en varios idiomas qué me pasaba. Yo no respondí, naturalmente. Vomité todo lo que pude pero ni enjuagándome la boca desaparecía el ardor. Regresé compungido con gruesas lágrimas involuntarias y la lengua adolorida pero pude apreciar que los jordanos permanecían serios pero obviamente les causó hilaridad el incidente. La vergüenza me duró mucho más. De ahí en adelante antes de comer algo, preguntaba que era. En inglés, árabe, francés, español y con gestos, si nadie entendía.

En las neveras de las habitaciones de los hoteles de cierta categoría, se encuentra cerveza y licores para los huéspedes extranjeros. Nunca bebí alcohol en Jordania. En mi país no me privo de, ocasionalmente, departir con una buena compañía femenina, unos ratos de esparcimiento en una buena discoteca, donde no faltan precisamente las bebidas alcohólicas y los cigarrillos de buena marca que fueron una de mis tontas predilecciones anteriores.

UN MATRIMONIO ARABE

Una tarde en el vestíbulo del hotel, escuché un bullicio en la entrada principal. El portero vestido a la usanza típica árabe daba paso a un cortejo encabezado por músicos los cuales hacían sonar sus instrumentos mientras entonaban cánticos. Detrás venía una pareja. Él, alto, de bigote negro, con traje occidental de corbata. Ella con grandes ojos grises, pestañas y cejas muy negras que contrastaban con su piel blanca. Lo

Le pregunté a una recepcionista, que hablaba español, sobre la naturaleza de ese agasajo.

–Contrajeron matrimonio en ceremonia religiosa musulmana y aquí es la fiesta de celebración.

Las solteras con la cabeza descubierta y las casadas cubiertas con un mandil (pañolón), con especies de monedas como adorno. Ellas parecían escapadas de los cuadros cuyas pinturas representan a la Virgen María. Con gran algarabía los hombres cerraban la marcha. Eran beduinos. Muy bonitas las mujeres jordanas.

Acompañaron a la pareja hasta los ascensores perdiéndose en uno de ellos. Los demás se dirigieron a un salón acondicionado para la celebración. Allí esperaron un largo rato y luego se encaminaron nuevamente a los ascensores a esperar que bajaran los recién casados. Al abrirse la puerta del ascensor, la pareja era saludada con vítores, música y aplausos por los invitados. Regresaban todos a dar inicio formal al festejo. Los vítores se producían únicamente si el esposo daba la señal de aprobación. Su esposa estaba virgen.

Todo esto lo averigüé porque una tarde bajé en el ascensor del piso doce y al abrirse la puerta en el primer piso, una muchedumbre con músicos me miraban con cara de asombro ya que estaban a punto de entonar sus cantos. Esperaban a una pareja que ese día se había casado y sus habitaciones estaban en el mismo piso de las mías. Coincidencialmente el ascensor no se detuvo en ningún otro piso. De ahí en adelante no me perdí ningún festejo de casamiento en el hotel. Nunca sucedió algo que yo íntimamente esperaba: Que el esposo no diera la señal de aprobación.

A las mujeres jordanas, y en general a las árabes, les está prohibido usar bikinis o algo parecido en piscinas de hoteles, en Aqaba, a orillas del Mar Rojo o en el Mar Muerto. Las casadas llevan cubierta la cabeza. Las solteras ondean al aire sus hermosas cabelleras, pero a ninguna, bajo ningún pretexto u ocasión se les puede abordar o piropear. En la calle, si alguien se atreve a decirles algo, inmediatamente llaman a un policía y lo arrestan. Si es casada, la situación del Don Juan se complica. Las muestras de cariño públicas están prohibidas.

En esos momentos Estados Unidos y sus aliados estaban en conflicto con IRAK. El hotel era un centro cosmopolita, además del idioma local, el árabe, se hablaba en muchos idiomas. Estábamos alojados en una suite de lujo con varios cuartos, cocina, sala comedor y TV satelital. Tanto Camilo como Mario tenían sendos teléfonos satelitales. Abrían las ventanas, colocaban su antena, que también sirve como tapa, en posición de mejor recepción y llamaban o recibían llamadas. Ellos buscaban un momento que yo no estuviera cerca o Camilo quien más llamaba, me decía:

—Discúlpeme tengo que hacer una llamada.

Yo me retiraba a mi habitación a ver televisión. Desde el primer momento A me dijo que no podía salir del hotel sin permiso ni realizar llamadas a Colombia. En pocas ocasiones llamé a mi familia en Colombia. Ellos salían diariamente con sus teléfonos satelitales no sin antes advertirme que no podía salir de la suite.

—No hable con nadie. Porque aquí los colombianos tienen mala fama — Me decían—.

Aunque me incomodaron esas restricciones las encontré propias de la seguridad del trabajo. Solamente pensaba que después, cuando se supiera todo, como ocurre siempre con operaciones de esa envergadura, nunca sería bienvenido en el Ecuador, por haber ayudado al Perú a aumentar su capacidad, así fuera en inteligencia electrónica. Me registré en el hotel con mi pasaporte vigente, mi nombre verdadero, país de origen, todo legal. Nunca he escondido mi verdadera[27] identidad. El General me había dicho que en Jordania ellos tenían amigos en la Corte del Rey Hussein, príncipes y nobles. Que la compra, de elementos jordanos, para el Gobierno Peruano, era una operación lícita pero encubierta.

A los pocos días, por fin, salí del hotel con Camilo y Mario quienes me llevaron a una comida, un buffet árabe típico a un restaurante con clientela de todo el mundo, por los varios idiomas que escuché. En ella conocí a un señor llamado Sarkis, un tipo muy robusto, de 65 años, aproximadamente, estatura regular, quien se encontraba en compañía de unos empleados suyos, muy bien vestidos todos. Yo había comprado en Bogotá, un par de vestidos bien confeccionados y de buena calidad. Camilo quien hablaba solamente español, me había advertido que no hablara nada. Que él me iba a presentar como un Coronel del Ejército Peruano. Que me limitara a saludar, nada más.

Sarkis, además del árabe dominaba muy bien el francés. Allí me di cuenta que Mario, quien me dijo que era español, dominaba el francés y era el traductor entre Sarkis y Camilo. Ellos ya se habían reunido muchas veces antes, cuando yo me quedaba en el hotel, pero era la primera vez que me permitían salir y estar con ellos. Camilo me presentó al tiempo que Sarkis me miraba detenidamente a los ojos.

—Mucho gusto —Le dije en inglés extendiendo mi mano—.

Sentados a manteles, Sarkis hablaba en francés, Mario le traducía a Camilo. De vez en cuando Sarkis me miraba, como receloso, me pareció un tipo muy inteligente y astuto. Entiendo muy poco de francés, pero escuché que preguntó quien era yo.

—Es un Coronel de la Fuerza Aérea Peruana. —le dijeron—.

Bueno, al menos podría hablar de aviación, si me dejaban. Sarkis, periódicamente, hablaba en árabe con sus ayudantes. Camilo y Mario no hablaban árabe ni inglés.

En cierto momento Sarkis me preguntó algo en un idioma, supuse, era árabe. Inmediatamente le dije:

—¿Do you speak English? —Él sonrió y respondió en este idioma que muy poco. Le comenté que también se me dificultaba la pronunciación y entenderlo cuando me hablaban en él, pero que lo leía y escribía mucho mejor—.

—¿Cómo le parece este país? —Me preguntó en inglés—.

—Conozco un poco de su historia y me gusta mucho su cultura y costumbres —Le respondí en el mismo idioma—.

—¡Ah! ¿Si? —Contestó sorprendido—.

—Claro —Repuse—. Siempre admiré a los fenicios[28] por sus capacidades como navegantes, muchos siglos antes de Cristo ya habían circunnavegado el África.

—Yo soy de origen Libanés —Me confesó—.

Camilo, inmediatamente, me preguntó que estaba diciendo yo.

—No debe hablar con nadie, ya se lo advertí. Nada, absolutamente nada —Me dijo muy molesto—.

Sarkis era, según me dijeron, un alto dignatario amigo de la Realeza Jordana. Con Mario hablábamos de temas intranscendentes, porque también me había dicho Camilo que no debía hablar nada con él. A Mario, creo, le dijo lo mismo, porque nunca me preguntó nada ni yo a él, solamente hablábamos de mujeres, aventuras y afines, comentándome ser hijo de un general español de la época de Franco. Ellos decían que estaban consiguiendo el avión y demás cosas para el viaje que se demoraba un poco.

En otra ocasión nos encontrábamos en la recepción del AMRA, Camilo, Mario, Sarkis y su secretario uniformado como miembro del Ejército Jordano, conversamos en inglés con Sarkis acerca de la cultura árabe quien se sorprendió que yo supiera algo del tema. A mí siempre me ha gustado la lectura, entre ellas las del mundo árabe. Camilo y Mario se mostraron molestos.

—No hable nada —Me advirtió Camilo—.

La mayor parte del tiempo yo permanecía solo en la suite que compartíamos los tres. Ellos salían cada uno con su teléfono satelital bajo el brazo. Del teléfono de las habitaciones no salían llamadas directas para larga distancia. Era necesario dar el número telefónico a las operadoras. Las pocas veces que llamé a mí casa en Colombia lo hice de manera furtiva desde las cabinas del primer piso del hotel. En otra de las contadas ocasiones que salí con ellos a almorzar fuera del hotel con Sarkis y sus empleados, éste me preguntó si me gustaban los caballos.

–Sé montar pero lo hago de vez en cuando. Soy de una región ganadera –Le respondí–.

Siempre me causó curiosidad el porqué tenía que supuestamente ocultar mi país de origen y simultáneamente identificarme con mi pasaporte colombiano. Naturalmente las autoridades jordanas tenían que darse cuenta de mi nacionalidad.

Todas esas inconsistencias dieron lugar, posteriormente, a que en las audiencias públicas y en mi proceso mis acusadores me acusaran de mentir.

CABALLO

–Si Usted quiere –Interpeló Sarkis– Lo puedo llevar a unos establos y escoge el caballo que quiera. Son de raza árabe pura[29].

Esta conversación fue en inglés. Por ello Camilo estaba alerta. En los Llanos de mi tierra tengo amigos que tienen caballos de paso colombiano y he participado en cabalgatas

–¿Si? –Dije sorprendido–.

–¿Y el transporte? –Pregunté–.

–En el avión le hacemos lugar.

Como hasta ese instante, según me decían, el plan era llegar a la pista secreta cerca de Iquitos, yo no sabía como llevarlo a Colombia, y no sabía si Camilo autorizara el viaje del caballo.

–Gracias –Le respondí–. Usted es muy amable, pero el viaje sería más complicado con él. En otra ocasión le acepto el ofrecimiento.

En ese entonces las relaciones con Camilo empezaban a tornarse complicadas y no quería agregar otro motivo de controversia.

–¿Qué está hablando? – Increpó Camilo.

–Él me está preguntando cómo me parece la comida árabe –Contesté para evitar discusiones–.

Allí se estaba pasando la telenovela colombiana Café, en unos canales árabes y en otro israelí. Me resultaba simpático oír en el doblaje, hablar a Gaviota (La protagonista) y demás, en árabe y hebreo. En el centro de negocios trabajaban 2 lindas jordanas, Hiba y Randa, ellas me enseñaban árabe y como medio de comunicación utilizábamos el inglés. Las clases solamente eran a mediodía, cuando no estaba su jefe, para las cuales compré un pequeño diccionario de bolsillo Árabe–Inglés–Árabe[30]. En un cuaderno conservo unas lecciones. Algo va del loro y aprendizaje del idioma indígena Piapoco con loro a bordo y estas lecciones de árabe. Naturalmente no podía visitarlas en sus casas. Por estos parajes el galanteo como lo conocemos en accidente, no existe. Al principio cuando las conocí, preguntaron mi nacionalidad. Cuando les conté que era de Colombia, abrieron sus lindos ojos y exclamaron. –¡GAVIOTA! –Así en español. Entablamos una buena relación de amistad. Ellas me contaban pormenores de la vida y costumbres árabes, yo les narraba de Suramérica–.

Ya me había dado cuenta que en los países árabes a las mujeres las cuidan mucho. Aún marido y mujer no pueden abrazarse o besarse en público ni andar cogidos de la mano. Los noviazgos como los conocemos en el mundo occidental no existen. Las personas que arreglan las habitaciones de los hoteles son hombres. Las empleadas mujeres como Hiba y Randa son vigiladas celosamente debían hablar con los huéspedes exclusivamente asuntos de oficinas. Las charlas, en la oficina, en Inglés–Árabe–Español eran rápidas mientras yo anotaba en un cuaderno. Ellas me decían, con justa razón, que en los países árabes existía menos hipocresía que en los demás. Allí el hombre podía tener legalmente hasta 4 esposas. Por estos lados se puede tener una esposa y varias extras en el armario.

RAMADAN EN AMMAN

En Diciembre de 1998 se celebraba el mes del Ramadán, desde la salida hasta la puesta del sol todos los musulmanes, a excepción de los enfermos, no ingieren alimentos ni bebidas. En grandes jarrones queman el tabaco, el humo de aroma agradable se filtra en agua y llega al fumador por medio de largos tubos elásticos. Cada persona tiene una boquilla en su bolsillo, la coloca en un tubo y aspira. Fumar en el mes del Ramadán es permitido. Al atardecer finaliza el ayuno con un bufett servido en el primer piso del hotel. No soy musulmán ni tampoco buen practicante del Catolicismo pero me di a la tarea de practicar el ayuno del Ramadán.

Una tarde salí solo, en las pocas ocasiones en que pude hacerlo, a un centro comercial a pocas cuadras del hotel AMRA FORUM a observar vitrinas de los almacenes. Las mujeres dependientes son muy vigiladas por los respectivos jefes para que no se limiten solo a brindar la información de las mercancías. Vi en un almacén de maletas a una dependiente jordana, soltera ya que tenía la cabellera descubierta, admiré sus grandes ojos grises que resaltaban en su piel blanca.

–How.–Dije señalando una maleta intentando preguntar por el precio–. Me contestó en árabe que no sabía inglés mientras observaba a su jefe quien se encaminó hacia nosotros. Ahora sí mi carrera de Don Juan estaba en serios aprietos –Pensé–.

Las lecciones del idioma árabe que estaba recibiendo de Hiba y Randa eran productivas pero no alcanzaban para sostener una fluida conversación. Le pregunté en árabe cómo se llamaba. Ella se ruborizó

–Nidia –Contestó–.

–Do you Speak English? –Le dije al jefe antes que se le ocurriera una pregunta–.

–No –Dijo en árabe, un poco serio–

Le dije en árabe que yo solamente hablaba español, algo de inglés y unas pocas palabras y frases en árabe. Un poco sorprendido me dijo algo muy rápido de lo cual no entendí absolutamente nada.

–¿Do you speak English? –Repetí lentamente–.

Nidia, se había retirado a la llegada de su jefe, una persona que estaba viendo vestidos se acercó.

–Perdón señor –Dijo en Español con marcado acento– Oí que UD habla español

–¿Usted es español? –Le pregunté–.

–No señor, soy jordano pero viví mucho tiempo en Madrid, me llamo Farit.

–Yo deseaba conocer el precio de esta maleta –Dije señalando una–.

–Habló en árabe con el jefe de Nidia.

–50 dinares –Dijo el jordano-español–.

–Gracias –Dije–.

Aproveché la oportunidad para salir de allí lo más rápido y dignamente posible.

–¿Le gustaría tomar un café y conversar un poco? Le dije

–Claro –contestó–.

Intercambiamos tarjetas de presentación[26]. Me contó que había estudiado en Madrid (España). Actualmente era consultor de un estado árabe.

El café lo endulzan con azúcar de color muy oscuro lo cual resalté en la charla.

–Los países árabes traemos el azúcar de Brasil y Cuba pero ahora existen dificultades, yo trabajo precisamente en procesos de compra de productos alimenticios, también necesitamos urgentemente arroz, y azúcar. Irak también necesita alimentos y pagan con petróleo –Dijo–. Le comenté que yo era un turista procedente de Suramérica y ya sabía que ellos compraban arroz y café en Vietnam, países más cercanos. Recordé que Camilo me había dicho que ellos tenían la empresa Nippon para comercio Internacional.

–Yo, tal vez, conozco unas personas que pueden ayudarle en eso –Dije–.

–Oh si– Necesitamos ampliar los proveedores ya que es bueno tener alternativas a la mano, hemos tenido algunos inconvenientes últimamente y ahora necesitamos urgentemente 80.000 toneladas de azúcar. Si UD. consigue proveedores, llámeme y podremos hacer grandes negocios –Dijo–.

Para ello se requería una empresa muy bien organizada y con experiencia en comercio internacional pero yo podía servir de enlace.

–¿No hay problema por lo del embargo a Irak? –Le pregunté–.

–Nó. Existe un permiso de la ONU para que Irak compre alimentos –Contestó–.

Se me presentaba la oportunidad de plantearle un negocio a Camilo. En Enero de 1999 llamé a Farit:

–Existen unas personas que tienen una empresa peruana comercializadora internacional.

Concertamos una cita y allí llegó Farit a hablar con Camilo sobre la compra de azúcar, arroz y café. El café debía estar tostado, molido y empacado en latas. No volví a saber nada del asunto.

Mejor, porque probablemente me libré que me acusaran en Colombia de ser un proveedor de alimentos para Irak.

Camilo se comunicaba continuamente con alguien que llamaba "Coronel". También me dijo que él, Camilo, era capitán del Ejército Peruano. Aquí yo no entendía bien todo, pero lo consideraba algo propio de la naturaleza secreta de la operación. ¿Si yo, supuestamente era Coronel, y él Capitán, por qué me reprendía delante de todos, haciéndome callar?.

Aunque lo hacía en español, los otros así no lo entendieran se daban perfecta cuenta. El Servicio de Inteligencia Peruano, decía para mis adentros, tiene técnicas sorprendentes.

Camilo me ordenó por tarea que le trazara rutas de Ammán hasta Iquitos–Perú con tiempos, distancias, escalas. ¿Si yo no iba a pilotear el avión, para que me pedía esto? Ningún piloto de vuelo internacional permite que otra persona, y peor si es un desconocido le elabore el plan de vuelo.

Él nunca entendió las diferencias de huso horario, ya que no es lo mismo viajar al oriente o al occidente, para hallar la hora local. Me decía: –¿Cómo se le ocurre que si el avión sale de Ammán a las 4 PM (hora de Ammán) llega a Iquitos (Perú) a medianoche? ¿Cómo se le ocurre que recorre esos Km. en apenas 8 horas? Usted no sabe de eso –Sentenciaba–.

Yo le expliqué con papel y lápiz, al final no quedaba muy convencido. Sin embargo cumplí la orden de Camilo. Como no conocía el tipo de avión a usar, para saber su autonomía y capacidad de carga, tentativamente diseñé varias rutas, haciendo escalas en Islas Canarias, Cabo Verde, Islas Azores, antes de cruzar el Atlántico. No existen otras opciones.

–Cuando el avión se acerque a Iquitos UD recibirá las coordenadas geográficas de la pista nuestra en selva peruana, la frecuencia es esta, – no la recuerdo–, le va indicando al piloto las instrucciones para llegar allí. Se van a realizar varios vuelos. Este primero tiene que arribar a las 12 de la noche. Ni antes ni después. La pista estará iluminada 5 minutos antes del aterrizaje, las luces que verán serán éstas –Me dijo entregándome un dibujo y un radio de banda aérea ICOM–10 que le había llegado de Estados Unidos–.

–¿La pista es asfaltada o pavimentada? –Le pregunté–.

–No importa. Es muy larga y buena. –Dijo dudando un momento–.

Ese era un dato que se debía dar a conocer al piloto al mando.

–¿El piloto sí va a seguir mis instrucciones? –Le pregunté–.

–Claro– Son pilotos experimentados en éste tipo de trabajos, muy profesionales. UD debe limitarse a transmitirle las coordenadas cuando se acerquen a Iquitos –Expresó–.

Los días pasaban y no se vislumbraba la pronta realización del vuelo. Yo seguía en mi rutina diaria. Visitar a mediodía a Hiba y Randa, comprar postales con pocos dólares que tenía desde Colombia y enviarlas a mi familia y amistades en mi país a espaldas de Camilo.

–Camilo. Necesito dinero –Le Dije–.

–¿Cómo?, ¿Qué te falta aquí? –Preguntó con su acento peruano, parecido al pastuso–.

–Necesito al menos una parte del pago de mi trabajo –Le insistí–.

–Yo creí que tenía experiencia en este tipo de operaciones, ¡Nunca se pide plata antes!, solo después del trabajo –Me dijo–.

Cualquier piloto o persona que viaje a otro país. O aún sin salir del propio, necesita unos viáticos para gastos menores. Estas palabras suyas solo lograron aumentar mis reservas sobre su personalidad. Además, en trabajos de esta clase, que esté incluido un avión y ciertos riesgos adicionales, el pago es mitad ahora y mitad después. Salimos a comprar una ropa que yo necesitaba, en compañía de Mario, y una amiga de Camilo. Pensé que dado el misterio y los militares que llegaban al hotel, la carga no sería precisamente equipo electrónico, pero ¿Qué me importaba el tipo de carga? Todo era legal y los vehículos oficiales, los militares y elegantes personajes lo avalaban. Yo creía que estaba haciendo buenos contactos para trabajar en Perú –Pensé–. Si son armas nunca podré ir a Ecuador.

Días antes me llevaron a una cena en un centro turístico de la ciudad. Allí, además compraron artesanías y objetos típicos, nos tomaron una foto[31] con Camilo en un local grande para ello los dependientes me pintaron bigote, me vistieron con ropa típica árabe, nos dieron sendos fusiles de la Primera Guerra Mundial. Allí también tenían un camello de carne y hueso. Si uno quería se montaba en él y lo retrataban teniendo como fondo un desierto pintado en una pared con dátiles, palmeras, oasis, dunas. Todo con gran realismo y colorido. No alcanzo a imaginar lo que hubieran dicho después si me monto en él y aparezco luego en una foto sobre un camello en medio del desierto.

Por esos días la amiga de Camilo nos invitó a conocer el sitio donde ella trabajaba por las tardes, ya que en la mañana se desempeñaba como secretaria o traductora en el Consulado Peruano. Era un Centro Comercial grande, tenían muchos elementos típicos árabes. En la sección de vestidos, escogí un vestido árabe[32]. Cuando Camilo se dispuso a pagar su valor el dueño, Abú – quien hablaba un poco inglés– Me dijo que era un obsequio, le di las gracias, conversamos un poco de temas intrascendentes. Camilo me preguntó:

–¿Por qué pidió regalado ese vestido?

–No señor. Nunca pedí un regalo –Le contesté–.

–Entonces –continuó– ¿Qué era lo que hablaban?

Me preguntaba cuál era mi idioma materno y qué opinión tenía de su almacén y de Jordania. Le manifesté mi sorpresa al enterarme que del mar Muerto elaboraran productos de belleza femenina.

EL COMPROMISO MATRIMONIAL

Otro día Abú nos invitó a conocer el Mar Muerto. A él se llega por una excelente carretera asfaltada. La vía va descendiendo lentamente, a sus lados se ven letreros los cuales van registrando la altura sobre el nivel promedio del mar. Llegamos al punto donde la lectura tiene signo negativo. Al llegar a la orilla del mar muerto la lectura indicaba casi – 400 metros. Después de pasar por estrechos desfiladeros se abre un espectáculo impresionante. En las lejanas colinas se divisan las ciudades de Jerusalém, Tel Aviv y Jericó cerca en la desembocadura del río Jordán, Jerusalén y Tel Aviv al atardecer se ven con mayor nitidez por sus luces. Estando allá, llenos de sal por todo el cuerpo, vi en el vestíbulo del hotel, una hermosa árabe, casada, muy seria, con el mandil (pañoleta cubriendo la cabeza), como corresponde a su condición.

–Abú –Le comenté– Las mujeres árabes me parecen muy bellas ¿Todas son como ella?

–¿Le gustan? –Me preguntó–.

–Sí –contesté–. Me parecen espectaculares.

–¿Usted tiene esposa en su país?

–No –Respondí, pensando en que técnicamente no tenía. Hacía muchos años me había separado–.

–¿Quiere una mujer árabe como esposa?

–Abú, Eso sería lo ideal.

No dijo nada más. Al regreso a Ammán subimos al Monte Nebo donde existen unas edificaciones que señalan el lugar desde donde Moisés vio la tierra prometida. La panorámica es magnífica. Se divisa el Valle del Jordán y sus verdes colinas. Era la tierra prometida del antiguo testamento. Allí nos tomamos fotos de las cuales desafortunadamente no conservo ninguna. Moisés contempló desde el Monte Nebo unas tierras escenarios de continuas disputas territoriales en ese entonces.

Hoy, varios milenios después, el espectáculo es similar y no me refiero solamente a su orografía. A su permanente estado de conflicto.

Al día siguiente llegó Abú al hotel en una limusina.

–Libardo, lo invito a conocer una familia amiga mía. Tiene 2 hijas jóvenes y muy bonitas. Le hablé de usted al papá y quiere conocerlo –Me dijo–.

Cuando fui a salir de la suite con Abú, Camilo, quien se encontraba con la amiga me recordó que no podía salir. Yo soy un hombre muy independiente, no me gusta que nadie me mande, por eso no pertenezco a organizaciones militares o algo que se le parezca, razón por la cual ya estaba cansado de tantas prohibiciones.

– No señor. Voy a salir. No tengo que estar como preso aquí ¿Porqué tantas restricciones a mis movimientos? No me demoro.

Llegamos con Abú a la casa de sus amigos, quienes hablaban con fluidez el inglés, único idioma para comunicarnos. Me llamó la atención que el amigo de Abú, después de las presentaciones de rigor, nos presentó a su mujer. Las mujeres nunca salen cuando hay extraños en la casa. Me dijo, en correcto inglés, que Abú le comentó de mí interés en conocer mujeres jordanas y me preguntó por mi pasado. Le conté a grandes rasgos la razón de mi presencia en Ammán, sobre mi profesión, me preguntó por mi pasado, mi religión[33], y mi conocimiento sobre las costumbres árabes.

–Mi familia es católica, Sé que existe un Creador pero estoy apartado de muchos de los llamados dogmas. De las costumbres árabes conozco lo básico así como de la religión musulmana.

Estas palabras son las conclusiones de mis argumentos que les dije. En realidad fue un poco mas extensa. Mis futuros suegros escuchaban muy serios mirándome a los ojos. Cuando terminé el padre de mi futura esposa le dijo unas palabras en árabe a su esposa. Esta permanecía callada pero muy pensativa.

–Lo aceptamos como yerno –Dijo mi suegro en su inglés con acento árabe–.

Abú me había recomendado muy bien. Mandó a seguir a sus hijas. Nivín de 22 años, cabello castaño claro, tez trigueña, muy bonita. Nancy de 21 años, cabello negro, tez muy blanca, ojos inmensos, hermosa. Ambas altas, Sobre la mesita de centro de la sala había unas frutas. En esta ocasión decidí no arriesgarme a confundir el ají con otra fruta y tomé solo agua y Coca–cola.

Abú me explicó que podía escoger una de de las dos para casarme con ella, volví a mirarlas. Mejor dicho admirarlas. Medio en serio y medio en broma les dije:

–Abú ¿Puedo escoger a las dos?

Abrió los ojos con gesto de asombro.

–¡Mejor decídase por una!

Todo esto lo hablamos en inglés y en voz baja.

Por esas latitudes el CORAN, libro sagrado de la Religión Musulmana es casi como la constitución que organiza la nación. Nada que ver con un país en el que la Constitución cambia casi diariamente. Un musulmán puede tener simultáneamente hasta 4 esposas, aunque en realidad pocos las tienen. El esposo debe responder por la manutención de sus hogares.

Contrario a lo que se ve en estas tierras donde un esposo tiene su hogar y simultáneamente una o varias amantes. La una aceptada socialmente y las otras estigmatizadas. Conozco personas, con rabo de paja, que critican esta práctica musulmana rasgándose las vestiduras.

Camilo y su amiga, quienes habían llegado de sorpresa, miraban desconcertados, como no entendían el inglés Abú le explicó en árabe a la amiga y ésta le tradujo a Camilo. Transcurrió un rato en charlas de temas culturales. Al final Abú me dijo que decidiera rápido.

Escogí muy bien las palabras que le diría al progenitor. Le agradecí su confianza y su gesto de amabilidad al permitirme entrar a su casa y eventualmente formar parte de su familia. Hablé en inglés pausadamente recurriendo a lo mejor de mi vocabulario y al final rematé:

—Sería un honor para mí que permitieran casarme con Nancy.

Su hermana, ruborizada, de inmediato se retiró. Nos dejaron hablar a solas en una sala tomando café. Le pregunté por su vida y me relató que había terminado sus estudios de Farmacia en la Universidad de Ammán, pero por el momento estaba trabajando en un almacén, cerca al aeropuerto Alia. Le conté a grandes rasgos mi vida. Para sellar el compromiso se requiere que el hombre le regale a la mujer una joya de oro. Como no tenía dinero disponible, más tarde le envié una nota a Sarkis, con el chofer uniformado, pidiéndole prestado US D 400. Como respuesta me envió el dinero. Al enterarse Camilo, tuvimos otro altercado. Con el dinero le compré una pulsera de oro y en una cena en el hotel, con sus padres y la hermana se la entregué, después de precisar con el padre el valor de la dote.

Hoy cuando estoy revisando éstos escritos la recuerdo mucho.

Acordamos fecha para la boda, por el rito musulmán, cuando yo regresara, en Abril de 1999. Según sus costumbres está prohibido entrevistarse con la novia antes de la boda.

No resistí y marqué a su casa.

—Libardo —Me contestó—. UD dijo que conocía las costumbres de nosotros, no podemos hablar. Solamente después de la boda. Me pasó a la mamá.

De cualquier manera tenía planeado regresar pronto para casarme con Nancy. Nunca imaginé los contratiempos que me impidieron cumplir con el compromiso en la fecha prevista. Hasta ahora, por lo menos.

INTENTOS DE VUELO

Camilo recibía llamadas de unas personas que preguntaban, según me dijo, la causa de la demora.

Finalmente, en los últimos días de diciembre de 1998, llegó un avión Boeing 707, matrícula sudanesa con varios etíopes como miembros de la tripulación. El piloto vestido a la usanza sudanesa era alto, moreno, muy flaco. Sarkis nos llevó al aeropuerto para que los conociéramos. Ya estaban cargando el avión con cajas de madera, color verde claro.

Según las reglamentaciones aeronáuticas internacionales, además del sentido común, el piloto al mando es el responsable de verificar el contenido de la carga y es el único que puede autorizar o no su embarque.

Esa noche tenían una reunión: Sarkis, Camilo, Mario y el piloto comandante de la nave. Como era su costumbre Camilo me advirtió que no hablara cuando insistí en participar de la reunión.

El piloto y Sarkis hablaban en árabe, y éste le traducía en francés para Mario quien le transmitía en español a Camilo. El piloto hablaba en inglés, ahí fue donde intervine porque deduje que era un piloto profesional y experimentado ya que lo oí preguntando sobre las características de la pista. Un piloto responsable al mando de un sofisticado y gigantesco aparato necesita para aterrizar una pista con especificaciones mínimas adecuadas. Mario le traducía en voz baja a Camilo. Para mí era evidente que el piloto al mando de la aeronave debía saber que:

1-La pista no es asfaltada. 2-No es aeropuerto internacional. 3-Es necesario aterrizar de noche.

Si no se hace un cuidadoso planeamiento con datos reales, en pleno día, las 2 primeras son indispensables con la tercera, el desastre es seguro si no se hace un cuidadoso planeamiento con datos reales.

–¿Porqué debía ser de noche? Si era una operación encubierta en medio de la selva es obvio que de día tiene todas las posibilidades de ser detectada desde lejos y ubicado el lugar de aterrizaje. De noche el ruido no es dato suficiente.

Le manifesté a Camilo mis apreciaciones.

–¿Porqué no sube mejor a las habitaciones? –Me dijo Camilo–.

No le obedecí porque estaba en juego la seguridad técnica de la maniobra de aterrizaje y por consiguiente la integridad física de los ocupantes entre los cuales me incluiría yo.

El piloto sudanés tenía que saber las características. De los puntos anteriores. Que era en medio de la selva amazónica, además que yo le daría las coordenadas de la pista peruana un poco antes de llegar a Iquitos. Yo tenía que estar seguro que el piloto estuviera al tanto de todos los detalles. Hasta ese momento yo creía que la pista era en Perú.

–Señor Sarkis. Dígale al piloto que la pista no es asfaltada, no es aeropuerto internacional, y el aterrizaje debe ser en horas de la noche –Le dije–.

Mario ante palabras de Camilo le dijo algo en francés a Sarkis y este dijo que me callara.

–Capitán, no es aeropuerto internacional –Le dije al piloto en inglés–. Este me miró sorprendido y le preguntó a Sarkis:

–¿Who is he? ¿Él es de su equipo?[34]

Esto lo preguntó en inglés como lo narré en la indagatoria.

En algunas revistas leí, en prisión, que yo era "el hombre de Sarkis" y me vincularon con un tal Charles Acelor. Sinceramente no recuerdo haber hablado con él ni de que me lo hayan presentado.

Respeto al periodismo, pero tengo entendido que hubiese sido justo que ésas revistas consultaran al menos mi opinión. En prisión concedí unas entrevistas. Solamente salió publicada una en el Diario EL MERCURIO de Lima en Marzo de 2004. Las demás nunca las publicaron. Están en su derecho.

¡Ahí fue Troya! Porque se originó una discusión simultánea en árabe, español y francés. Ahí acabó todo cuando el piloto enojado dijo que él era profesional y no le gustaba que lo engañaran. Nunca me enteré qué le habían dicho anteriormente. En medio de reproches de todo el mundo subí a mis habitaciones, a donde Camilo llegó a recriminar mi intervención, yo le manifesté que con mentiras todo sale mal.

–Quien está al mando de ésta operación, soy yo, límitese a cumplir la labor para la que fue contratado –dijo en tono agrio Camilo–.

Ese día, en la mañana, cuando estuvimos en el aeropuerto en la OIA (Oficina de Información Aeronáutica), yo imaginaba que podía intervenir en algo. El piloto, copiloto e ingeniero de vuelo se sentaron ante una mesa de poca altura y extendieron mapas aeronáuticos para elaborar el plan de vuelo. Acerqué una silla y me senté junto a ellos. Me miraron sorprendidos pero siguieron en sus análisis. No obstante, me atreví a preguntarles qué ruta pensaban seguir.

–Vea señor, estamos muy ocupados ¿Nos puede dejar solos? –Me dijo uno de ellos–.

El inglés con acento árabe lo entendía mejor. Un poco atribulado me retiré con un boletín aeronáutico (AIRMEN)[35] donde están consignadas las últimas noticias aeronáuticas de todos los países del mundo, el cual había obtenido en dicha oficina.

–¿Entonces, Camilo para que me pedía elaborar posibles rutas hasta Iquitos? –Pensé–.

Eran demasiadas incongruencias.

Por esos días llamé al consulado de Colombia.

–Consulado de Colombia, habla Jaula –Dijo en perfecto español una simpática voz femenina–.

–Buenos días ¿Podría decirme qué servicios prestan a colombianos? –Pregunté–.

–Únicamente tratamos problemas de visa. Si son problemas de otra índole diríjase al Gobierno Jordano –Respondió–.

–¿Tiene ud. algún problema de éste tipo?

–¿El cónsul es colombiano? –Pregunté–.

–No señor, desea hablar con él?

Vaya, parece que igual que el cónsul peruano, el de Colombia también era ciudadano Jordano.

VUELO HASTA ISLAS CANARIAS

En Enero de 1999 trajeron un Boeing–707 matrícula rumana, tripulado por un comandante norteamericano y los demás rumanos. Cuando llegamos al aeropuerto, ya estaba cargado, listo para iniciar el vuelo.

–El piloto ya sabe que UD le va a decir donde aterrizar, no se preocupe. Cuando lleguen a Suramérica UD le indica las coordenadas de la pista que le vamos a suministrar en su debido momento por el radio de banda aérea. Buen viaje –Me dijeron–.

El piloto estaba ya en la cabina. Fui el último en abordar. No me dejaron entrar en la cabina porque cerraron la puerta de acceso. Estuve en el compartimiento de los demás tripulantes.

Cuando despegamos, prendí el GPS y seguí la ruta que llevaba el avión: Se dirigió al norte, cruzamos el Líbano y ya sobre el Mediterráneo tuvimos a Chipre, Creta y Grecia a nuestra derecha. Intercambié direcciones[36] y charlé brevemente con dos miembros rumanos de la tripulación sobre costumbres de su país. A la altura que volábamos y ya al anochecer se distinguían perfectamente las luces de la ciudad de Atenas. Sabía que era esa ciudad porque el GPS lo mostraba en la pantalla.

Rápidamente vinieron a mi memoria las épocas de la Grecia antigua cuando el Rey Filipo de Macedonia al frente de sus tropas dio comienzo al sometimiento de todos los pueblos griegos y no es una figura retórica "al frente de sus tropas" ya que realmente era el primero en la línea de combate para animar con su ejemplo a sus hombres. Diseñaba con sus consejeros y generales las políticas y planes de guerra y él era el primero en ponerse el yelmo y tomar su escudo, espada y lanza arrojándose al fragor del combate. Su hijo Alejandro Magno, al heredar el trono, también al frente de sus tropas, en su mayoría griegas, conquistó las tierras de Egipto hasta India. Muy distinto es en estos tiempos. No quiero decir con esto que deban imitar a Filipo o a Alejandro Magno, solamente que es más fácil hacer guerras cuando otros son los que corren el riesgo de morir. Esas guerras antiguas eran para aniquilar ejércitos enemigos, para conquista de tierras. Que desgracia, siempre existe una razón para aniquilar al prójimo.

La única razón válida es la defensa propia

Hoy, como en esa época, tampoco le preguntan a la mayoría de la gente si quieren entrar en una guerra o agotar otras posibilidades. Entiendo un poco esto ya que la mayoría de la población carece de información pertinente para poder decidir al respecto.

La industria bélica es alimentada por otros intereses aparte de la justicia o protección, el afán de lucro, por ejemplo.

El magnífico Boeing 707 avanzaba en medio de la penumbra y desde la cabina solo se escuchaba un suave zumbido. Por las ventanillas se distinguían, perfectamente, las luces de las ciudades de Italia y con el GPS yo confirmaba los nombres de ellas. Atrás dejábamos las luces de Grecia.

Desde mi adolescencia me gustaba leer sobre historia y ciencia y aunque no soy un apasionado por la filosofía me había encontrado con varios filósofos griegos antiguos leyendo sobre historia de la física

No podía creer que ahora tenía a ciudades griegas a la vista. Recordé.una clase de un profesor de filosofía en mis últimos años de Educación secundaria.

—Aristóteles —decía— es el padre de la lógica, quien aportó muchos conocimientos en toda la historia del mundo.

—Perdón, profesor ¿No es el mismo que inventó la teoría que los cuerpos caían porque había más aire encima de ellos? —Pensó unos instantes—.

—Sí, creo que sí.

—¿Y es el mismo que dijo que el universo estaba compuesto por fuego, aire, tierra, agua y éter?

—Sí, efectivamente.

Para abreviar, la conclusión fue que en esa época no existía sólido método científico y de investigación. Todo fenómeno trataba de explicarlo dialécticamente. Los vacíos de saber, los llenaban con teorías. Que posteriormente se demostrara su falsedad no importaba. Seguían empleando esa técnica.

La lógica aristotélica se enseña en muchas carreras universitarias pero olvidan enseñar que, de igual manera, Aristóteles o su doctrina mantuvo dominado, atado, el progreso científico dos milenios.

La lógica aristotélica, en resumen, avala lo legítimo de unos razonamientos, pero no dice nada sobre la certeza de las conclusiones. Me explico:

Si un hombre es visto de noche cerca de la casa donde se cometió un asesinato, es lógico sospechar que pudo haber sido el asesino, pero muy distinto asegurar que lo fue.

Se distinguían perfectamente las luces de Roma y Nápoles. Ya entablaría conversación con el piloto. El impasse del piloto sudanés me rondaba en la cabeza y debía aclarar las cosas para estar seguro a qué atenerme. Seguí divagando mentalmente sobre los territorios que sobrevolábamos, tratando de tener ocupada mi mente.

Siempre me han atraído las dos civilizaciones que marcan la historia de Occidente, con sus conquistas y mitologías muy parecidas. Dioses para todos los gustos. Dioses del vino, de la guerra, de la belleza, del campo, de la sabiduría. Y pensar que hoy, después de más de 2 milenios los llamamos paganos por tener y adorar varios dioses, sin embargo tenemos santos y santos de patronos del transporte, del campo, de la informática, de la aviación, de la justicia...y últimamente de Internet.

El ser Humano le atribuye, a la divinidad, virtudes y defectos humanos. Empezó con los griegos y subsiste, aún hoy día, esa creencia.

Todo ello pasaba por mi mente en ráfagas, pero no dejaba de pensar ni un instante en la manera que los peruanos manejaban la operación.

Por el sur de Barcelona entramos España y teniendo las luces de Madrid a la vista viramos al sur. Entramos al Océano Atlántico. El hecho de viajar desde Ammán hacia el occidente nos permitió observar un poco más tarde el ocultamiento del sol. Al salir de España la noche caía en la península.

Al llegar al Océano Atlántico yo no sabía la ruta escogida o diseñada por el Comandante de la nave[37]. Cuando vi a Marruecos a mi izquierda, dije: Cabo verde o las Canarias. Preciso, cerca de las Canarias comenzó el descenso. Aterrizamos aproximadamente las 7 PM (hora local).

Al llegar a las Canarias, pensé que era para abastecer de combustible el avión, ya que hicimos el vuelo directo Ammán-Tenerife. Me sorprendió cuando el piloto americano se bajó con su maletín de vuelo. Era ya de edad madura, alto, con las sienes cubiertas de canas. Enjuto y serio. Su aspecto era de típico americano a punto de jubilarse

–Capitán –Le dije– son las 7PM (hora de Canarias) apenas tenemos tiempo para llegar cerca de Iquitos.

–¿Qué? –Respondió– No me gusta aterrizar de noche. Pernoctamos y mañana madrugamos para llegar a Iquitos a mediodía.

–¿Cómo, capitán acaso no le dijeron que el aterrizaje es a medianoche?

–No señor –Me respondió–. Nadie me dijo eso, solo que esta carga la dejo en Iquitos. Nada más.

Ante mi insistencia él sentenció:

–Llamamos mañana a Ammán, si es necesario, por la noche viajamos a Iquitos.

–¡Que enredo! Bueno, era un enredo en ese momento, después se complicaría más.

Como esa pernoctada no estaba prevista en mis planes no estaba preparado para la eventualidad. Al llegar al hotel llamé al señor Sarkis y le conté lo ocurrido. Ese número telefónico lo tenía porque en una ocasión anterior se lo había preguntado a un secretario del señor Sarkis, lo había memorizado y posteriormente lo anoté en un cuaderno.

–No importa, de día o de noche, de todas maneras es del mismo gobierno peruano.–Viajen mañana para la pista o para Iquitos–Dijo el señor Sarkis.

–No señor. Yo tengo instrucciones de Camilo para llegar de noche, cerca de las 12, páseme a Camilo.

–No. Él viajó hoy para Lima –Me dijo–.

–Entonces señor Sarkis –Le manifesté– regreso con la carga a Ammán, o me quedo aquí.

Toda esta conversación fue en inglés.

Insistió en que llegara pronto a Iquitos, así fuese de día.

–Señor Sarkis, lo siento, pero yo tengo unas instrucciones precisas y no pienso incumplirlas.

–Ok.

–No tengo dinero para el hotel– le dije echando pestes, mentalmente, contra todo mundo.

–Yo le voy a decir al piloto que le entregue 400 dólares– y colgó. Ya aumentaba mi deuda en 800 dólares.

Las Islas Canarias son un destino de lujo para el turismo de Europa. Los taxis son BMW y Mercedes Benz. Al día siguiente, al pagar el valor de mi hospedaje la recepcionista me dijo en español con acento extranjero: –No señor, aquí no recibimos dólares. Solo pesetas. –¿What is your native languaje?. Le pregunté pensando que era francesa o inglesa. –Alemán– Me contestó en español con tono altivo. Fue un problema para encontrar casa de cambio a esa hora. La mañana era esplendorosa, las calles de Tenerife son angostas y aún a esa hora, circulaba gente con apariencia de turista. En una casa de cambio me entregaron pesetas por 300 dólares. Los billetes eran de diferente valor. Las monedas con un agujero las guardo como recuerdo. Regresé al hotel y pagué la deuda. Con los miembros de la tripulación quienes estaban esperándome nos dirigimos al aeropuerto emprendiendo el regreso a Ammán por la misma ruta, según la observé en el GPS. El regreso fue rápido.

Al despegar de Islas Canarias y admirar el mar recordé que en esas mismas aguas un Español, Alonso Sánchez de Huelva, quien intercambiaba productos entre Europa y Africa fue sorprendido por una tormenta que lo arrastró al occidente durante 28 días, al cabo de los cuales amainó el temporal y encontró unas islas (Antillas) donde reparó su nave y sus velas, aprovisionándose de agua y comida emprendió el regreso al oriente. No era geógrafo, aventurero o conquistador. Era comerciante. Contó su aventura su al regreso y tiempo después su historia llegó a oídos de Cristóbal Colón, quien con el importante dato se dio cuenta que ya eran mayores las posibilidades, por la escala de reabastecimiento, de llegar a Japón o la China. Toda la gente culta de Europa, una ínfima minoría, sabia que la tierra era redonda, el problema era la distancia tan grande entre Asia y Europa. También los marineros más experimentados de Colón lo sabían, por ello se amotinaron al prever que se agotarían los víveres.

Guardándose la información solicitó financiación y después de avatares lo consiguió. Los salvó el continente que encontraron en el camino. El resto es historia muy conocida. Da grima ver que hoy en día muchos piensan que antes de Colón, todos estaban convencidos que la tierra era plana y el agua de los mares se desbordaban a precipicios insondables. Una falsedad histórica a pesar de su aparente ingenuidad.

Colón, su mérito, es que con la mente en otros objetivos, incluyó a América en la geografía mundial...de casualidad.

Dormí profundamente. Desperté apenas para poder cerciorarme cual era la ruta de entrada para Jordania. Entró al continente asiático por el Líbano y bordeó la frontera LÍBANO–SIRIA hasta cerca de Ammán. Realmente el estado de Israel cuida mucho su espacio aéreo. Restringe mucho el sobrevuelo de aviones por su territorio.

Al llegar a Ammán nos estaba esperando un secretario de Sarkis quien me alojó en el AMRA FORUM sin intercambiar palabras conmigo. Posteriormente Sarkis me mandó a llamar. Bajé las salas de recepción del hotel. Estaba sentado en uno de los cómodos sillones, acompañado del piloto gringo.

Estaban conversando muy serios. Al notar mi presencia enmudecieron.

Sarkis me preguntó que había pasado. Le expliqué, detalladamente, lo sucedido.

Sarkis no entendía por qué no podíamos llegar a Perú de día. Él sabía que la pista peruana era secreta pero no consideraba un obstáculo de fuerza mayor el cambio y llegar de día a Iquitos.

Pero, ¿Porqué, entonces, le dijeron al piloto que llegara a Iquitos sin ninguna operación previa?.

Sarkis, por lo visto, también estaba igual de sorprendido que yo.

Hoy, con perspectiva histórica puedo asegurar que Sarkis siempre estuvo convencido que era una operación legal, del gobierno peruano. Por ello viajó a Lima para su negociación.

Camilo me había dicho que el piloto iría donde yo le dijera, de acuerdo a las coordenadas que me darían por radio de banda aérea, y que la llegada debía ser a medianoche. Al piloto le dijo que la carga iba para Iquitos y nada de la pista secreta o que la operación era nocturna. A Sarkis, que era una pista peruana cerca de Iquitos. Una feria de contradicciones.

Si ud. amable lector, está confundido ahora se imaginará cómo me sentía en esos momentos.

Sarkis ordenó mi traslado a otro hotel, el HOLIDAY CENTER, donde ocupé una suite. Bastante cómoda por cierto. Me quitaron el teléfono de la misma, pero siempre fue amable conmigo.

Un día llegó al hotel en compañía de su secretario, traían un pollo crudo y varios vegetales. La suite, tenía sala, comedor, cocina, y dos habitaciones. En la cocina había todos los aditamentos modernos propios de su función. El secretario dijo que asaría el pollo a la costumbre árabe. Mientras tanto yo conversaba con sarkis.

–Señor Libardo ¿Dígame que es lo que pasa? ¿Hay algo que yo no sé, en éste trabajo?.

–Vea –le contesté–. Lo mejor es que hable con Camilo. Yo también estoy confundido.

No podía aventurarme a comunicarle a Sarkis mis inquietudes. No sabía qué terreno pisaba. Ahora, yo desconfiaba de todos. Yo también estaba molesto por todo. Yo sabía porque él me lo había contado, que él era dueño de empresas de aviación en USA y que tenía negocios por todo el mundo, vender armas legalmente a países o empresas, y servir de intermediario o comprar y vender son actividades lícitas. Si el que compra utiliza mentiras o falsificaciones es otra historia.

–Mire –Me dijo tomándome del brazo–. Cuénteme toda la verdad. Yo le ofrezco trabajo conmigo y ganará mucho dinero.

A estas alturas yo no sabía que pensar o suponer. Desgraciadamente la realidad no tiene fondo musical como en las películas. Eso ayudaría mucho a tomar decisiones importantes. A posteriori, es fácil decir y criticar sobre mi comportamiento en esos momentos. Yo presumía que Sarkis era miembro de la Corte Jordana pero no sabía con seguridad el papel que desempeñaba en todo esto, si era el vendedor o un asesor del gobierno o si estaba en complicidad con Camilo. Pero evidentemente no existía coherencia entre las palabras de Sarkis y las de Camilo.

No puedo prever que hubiese ocurrido si no le digo nada al piloto en Islas Canarias y despegamos rumbo a Suramérica. Pero de algo si estoy seguro y es que ése piloto jamás aterrizaría en un aeropuerto que no fuese Internacional y mucho menos, digo hoy, de entrar a territorio Colombiano y violar sus restricciones aéreas.

¿Porqué nadie habla de éste vuelo?

Yo jamás hablé de fusiles rusos AK–47 con Sarkis. Es más, no hablé de equipos electrónicos ni nada parecido. Nunca negocié cosa alguna con él, ni jamás participé en acto alguno de planeación o negociación de las armas. Si miento es fácil de corroborar con los Jordanos.

Me encontraba alojado en el Hotel Holiday Center– a donde fui llevado por los hombres de Sarkis, sin mediar palabra– cuando presentaron por televisión al Rey Hussein de Jordania quien regresaba convaleciente de una enfermedad terminal, Tomó el control de su avión privado, un jet de lujo Gulfstream con tripulación jordana, sobrevolando su país. Era una despedida que terminó en Ammán en un vehículo descubierto saludando a su pueblo que se volcó a las calles a vitorearlo.

La escena del sepelio, en la cual todas las mujeres de la familia real, quienes no asisten al cementerio, se muestran fuertes con la cabeza en alto, vestidas de negro, en las puertas del Palacio es tristemente inolvidable. A mediados de febrero llegaron Camilo, Mario, en compañía de los peruanos, Santos y Alberto[38]. Me los presentó como ex militares peruanos, el primero, campeón de paracaidismo militar, todo un personaje en su país. En la primera ocasión, a solas, le expuse mis quejas a Camilo:

–¿Por qué no le dijo al piloto que la llegada era a medianoche?.

–Menos mal –Insistí– Que llegaron dos peruanos de su confianza, porque yo me voy de aquí.

–No señor –Me dijo– El piloto mintió. Además ahora la operación es lanzamiento en paracaídas, ellos se encargan del lanzamiento y usted le da al piloto las coordenadas, como es lo acordado.

Le expresé mis dudas a cerca de la "pista Peruana". Me manifestó que yo debía cumplir mi trabajo: Recibir las coordenadas geográficas que me darían, por radio de banda aérea antes de llegar a Iquitos y a su vez suministrárselas al piloto de la nave, para que aterrizara en esa pista.

–¿Hace el trabajo, o mejor llamo a otra persona?

Me encontraba lejos de Colombia en un país rodeado de muchos conflictos. Estaba en juego mi seguridad personal, mi vida, no sabía exactamente en qué intriga internacional estaba metido.

–Le pregunté:

–¿Dónde está situada la pista?

–¿En Colombia?– Me aventuré a preguntar

–Puede ser– De todas maneras después le doy las coordenadas

–Puede estar en cualquier parte –Contestó–.

Eso lo tomé como un sí.

Solo, sin dinero, en país extraño, sin hablar árabe, rodeado de militares, los hoteles llenos de, supongo, agentes secretos palestinos árabes, rusos, Judíos, americanos, con gente que se amarra explosivos para volar enemigos. Mi futuro no era halagüeño en caso de negarme. Comprendí eso y pensando en un plan de evasión le dije:

–Sí. Sí hago el trabajo para el cual fui contratado.

–No hable nada con Santos y Alberto –Me dijo–.

Yo no tengo acento peruano, y ellos no tenían cara de tontos. Seguí la corriente. Estaba atrapado. Allí también llegó la amiga de Camilo. De ella me dí cuenta que solo sabía que pronto viajaríamos al Perú, nada más. Ese día pedí que mi comida la subieran a las habitaciones. Pero Camilo la devolvió al comedor en el primer piso. Llamé, otra vez, al botones quien se negó a subirla. No bajé a pesar que Camilo me "ordenó" que bajara. No bajé. Cuando subió a reclamarme, por poco nos agarramos a golpes. Santos y Alberto, de lejos, se daban cuenta de todo. Hicimos las paces luego.

A los pocos días fuimos al aeropuerto porque había llegado un avión IL–76, ruso, gigantesco, de 4 turbinas, consume 10 toneladas de combustible por hora. Estaban cargándolo con cajas de madera de color verde. Días antes habíamos salido con Camilo, Mario, los jordanos militares y Sarkis, a un cuartel militar en medio del desierto. Éste conversaba con ellos, yo me limité a mirar el desierto. No supe de que hablaron. Visitaron varias dependencias militares donde se encontraban muchos vehículos de combate y depósitos con cajas.

La mayoría contenía armas, aunque no recuerdo si estaban marcadas en inglés, árabe, ruso o francés. Pero sí tenían letras en color negro.

–¿Es este el equipo electrónico?. Le pregunté a Camilo en voz baja.

Meditó unos instantes y sonrió

–Sí, podría ser...

A estas alturas ya no me importaba el tipo de carga. Además, repito, yo no fui contratado para revisar o constatar carga alguna. Eso es responsabilidad del piloto.

Lo importante era evadirme de la operación sin riesgo para mi integridad física.

El avión ya estaba cargado pero no despegábamos. Creo que había problemas con la autorización en Perú, para el aterrizaje de un avión procedente de Jordania.

Aquí es necesario resaltar lo siguiente: En un vuelo internacional, antes de despegar, se requiere que el destino final, dé la autorización para aterrizar allí. Si necesita hacer escalas técnicas, con la autorización del aeropuerto de destino final se obtienen los otros permisos de aterrizaje.

–¿Acaso no es el mismo gobierno peruano, quien expide esa autorización, a través de su entidad aeronáutica? ¿Acaso, entonces, el gobierno peruano nada sabe?

El avión esperó varios días por la falta del permiso, descargó y se fue. Finalmente otro IL–76 estaba casi listo, me llevaron al aeropuerto internacional de Ammán donde lo estaban cargando, ahora con cajas metálicas las cuales contenían cajas de madera. El IL–76 tiene en el piso en el compartimiento de carga unos rodillos fijos, que giran libremente alrededor de su eje, permitiendo el ingreso y salida de la carga con facilidad.

Cada día, Camilo me daba coordenadas geográficas nuevas, yo las anotaba pero no me importaba ya su ubicación. Unas coordenadas eran en Colombia. Ya no era necesario el radio de banda aérea. El día del vuelo me dio finalmente las verdaderas del sitio escogido, según él. Los peruanos Santos y Alberto pidieron paracaídas para ellos pues querían saltar con la carga para avisar por radio su ubicación. Yo no sabía que opinar de ellos. Pidieron un paracaídas para mí. Este detalle me llamó la atención. Ya con un paracaídas aumentaban mis rangos de maniobra para librarme del caso. Al final no llegó ninguno y abordamos el avión sin ellos. Yo, en mi silencio, pensaba solamente en escapar abandonando el avión en la primera oportunidad.

En Ammán, Camilo consiguió unos dispositivos plásticos de 40 cms. de largo, en forma de tubos cilíndricos que al doblarse por la mitad emitían una luz fluorescente de color rojo que duraba 24 horas, para amarrar a las cajas con el fin de ayudar a su localización. No sé si al fin las utilizaron.

VUELO A TRINIDAD Y TOBAGO

Todo estaba listo. Esa operación tenía ya varios meses en Ammán, al menos de mi parte estaba desde Noviembre. Carguen y descarguen aviones. Ya tenían que estar alertados muchos servicios de inteligencia. Además de los momentos de guerra que se vivían por los bombardeos a Irak. Intuí que yo cargaría con toda la culpa cuando se descubriera. Toda esa serie de inconsistencias, contradicciones en las instrucciones, unido a que yo tenía mi pasaporte legal, con mi nombre y datos verdaderos, el estar en un avión ruso que aterrizaría en Iquitos, agregado a mi nacionalidad colombiana, sería muy fácil incriminarme en algo tremendamente ilícito como sería, tan solo el intento de hacer lanzar esas cajas sobre una zona Colombiana dominada por la guerrilla (FARC).

Yo tenía una pequeña cámara fotográfica, con rollo nuevo.

—Camilo —Le dije— ¿Puedo tomar unas fotos como recuerdo?

Él me miró por unos instantes y luego conversó algo con Mario.

—Bueno —Dijo—.

Tomé fotos de todo el grupo. Más tarde en vuelo sobre el Mediterráneo, tomé fotos a la tripulación. Estas fotos fueron incautada y publicadas en varios medios de comunicación. Son una prueba a en mi contra según me enteré posteriormente.

La Embajada Americana tenía conocimiento de ellas mucho tiempo antes de mi detención. Con la misma cámara había tomado fotos a Santos, Alberto y a un empleado del hotel Holiday.

De éste último, el investigador profesional del DAS me aseguró que era un miembro de la guerrilla Colombiana cuyo nombre no recordaba y estaba empeñado en que yo lo identificara.

–Es un jordano empleado del hotel –Le contesté–.

Como casi un caso patológico, dijo que yo mentía.

El IL–76, tenía el mismo copiloto del anterior. Esta vez, como ya lo relaté, las cajas de madera de color verde estaban embaladas en cajones metálicos. Cada uno llevaría, supongo, 3 cajas de madera. Tenían unas inscripciones en color negro pero no le puse demasiada atención. Es responsabilidad del piloto al mando quien debe revisar el tipo de carga que sube a su aeronave.

No era mi responsabilidad revisar los contenidos ni había sido contratado como supervisor o algo por el estilo. Otra idea bullía en mi mente. Yo, desde Ammán estaba planeando hacer abortar el vuelo o bajarme a la primera oportunidad propicia. No podía hacerlo abiertamente porque no conocía lo implicada que estaría la tripulación rusa y los peruanos Santos y Alberto. Estaba en juego mi vida. Ese era mi temor. No creo que fuese infundado. Finalmente, el avión, despegó de Ammán, con Santos y Alberto incluidos en la tripulación. Como era de esperar Camilo me dijo:

–El piloto ya sabe todo– usted le indicará el sitio para el lanzamiento.

Era el 21 de Febrero de 1999.Pero ya no me importaba otra cosa, solo mi plan de escape. Yo no sabía la ruta por la que el avión entraría a Suramérica[39], pero sabía que tendría que hacer, al menos, una escala para reabastecer de combustible. Con una cámara fotográfica que había adquirido en un centro comercial cerca al hotel tomé varias fotos en el aeropuerto.

Encendí el GPS para monitorear la ruta. La cabina de mando en el piso superior es muy amplia. Adelante, piloto, copiloto y navegante, un poco más atrás Santos, Alberto y yo.

Ese gigantesco avión es de varios niveles, en la parte inferior, debajo de la cabina de mando, existen unas ventanas donde se sitúa otro navegante, quien controla varios aparatos propios de un avión militar, para el lanzamiento de carga o bombas. Además tiene radares meteorológicos de tecnología propia de los rusos; son aparatos grandes y pesados. Los tripulantes eran, además del comandante y el copiloto (ex piloto de Mig, según me comentaron Sarkis y Camilo), un navegante y varios más.

El avión tomó rumbo sur, hasta la ciudad de Aqaba, único puerto jordano a orillas del mar rojo Bordeó la península del Sinaí y viró al Noroeste para entrar a Egipto, en el continente africano. Yo tenía que estar en buenos términos con los pilotos para que mis planes de evasión tuvieran más posibilidad de éxito. Les mostré el GPS, un GARMIN III el cual indica automáticamente en la pantalla los nombres de los sitios geográficos por los cuales cruzábamos. Se mostraron sorprendidos por lo pequeño y preciso. El aparato, muestra, también la ubicación de todos los aeropuertos principales del mundo, sus características, longitud de las pistas, frecuencia de VOR y NDB, la velocidad del avión, rumbo, y altitud. El GPS recibe señales de satélites, con los cuales tiene contacto permanente, tabula los datos en su procesador interno. Es un computador en miniatura.

Les comenté que era piloto de aviación. Al cruzar cerca al Cairo (Egipto) a más de 30.000 pies de altitud. El comandante se levantó y me ofreció el puesto. Me senté y tomé los controles, efectúe un suave alabeo para sentirlo. Era grandioso. Le pregunté el rumbo, me dijo que lo mantuviera. Por el GPS me di cuenta que nos estábamos acercando a Alejandría que la divisé a lo lejos, grande y de color rojizo, en el Delta del río Nilo. La cruzamos y entramos al Mar Mediterráneo.

Volábamos sobre la ciudad de Alejandría, donde existió la mayor biblioteca del mundo, hace más de 2200 años. Un bibliotecario suyo, Eratóstenes de Cirene, fue el primer ser humano, que se tenga noticia, que calculó la circunferencia terrestre con increíble aproximación para su época, por la diferencia de ángulo con que los rayos del sol, caían en el solsticio de verano, sobre Alejandría y otra localidad cientos de kilómetros, Nilo arriba. Hoy, cualquier interesado puede repetir los cálculos matemáticos–geométricos con datos y relaciones numéricas. No solo sentarse a divagar y hacer cábalas. Con lógica matemática. Una proeza de sencillez y genialidad. Desde los tiempos de Aristarco de Samos, varios siglos antes de Cristo, la gente culta y bien informada, quienes eran una infinitesimal minoría, sabía que la tierra era redonda. También calcularon, con gran exactitud, la inclinación de la eclíptica.

Yo había abordado el avión sin hablar con el piloto al mando y una de las reglas principales en aviación es que todo debe planearse en tierra ya que si no existe entendimiento y coordinación es muy peligroso cambiar de planes en pleno vuelo y si además el vuelo es de carácter ilícito la coordinación debe ser mayor. Tenía que cerciorarme que las instrucciones que le habían suministrado al piloto eran compatibles con las que me había dado Camilo para saber que terreno pisaba, pero no sabía como preguntarle. Necesitaba saberlo para elaborar mi plan de evasión. Ciertamente no obedecería las instrucciones de Camilo de entablar diálogo con el piloto, solamente cuando estuviéramos cerca al punto de lanzamiento, lo haría en la primera escala para reabastecer de combustible, antes de emprender la travesía por el Atlántico. Con el GPS Garmin III yo estaba monitoreando la ruta del avión.

Cuando les mostré el GPS, le dije al capitán, que cuando llegáramos a Iquitos se lo regalaría.

Al entrar en el Mediterráneo, con rumbo 340 y después de volar 5 minutos le pregunté qué rumbo tomaríamos ahora. Me indicó uno a 280. Me levanté del puesto del comandante después de volar un largo rato sobre el Mediterráneo, entró a África al sur de la isla de Malta iniciando un descenso. Evidentemente aterrizaría pronto. Aterrizó en una pista del desierto del Sahara en territorio Argelino. Su nombre y características estaban en la memoria del GPS, las mostraba en la pantalla, no las recuerdo.

El piloto dijo:

–Nadie se baja.

Lo dijo en ruso, según me comentó el copiloto.

El avión fue rodeado por guardias armados. Únicamente descendió el piloto. Era escala para abastecimiento de combustible.

De la pista salen mangueras de tanques subterráneos, que con bombas eléctricas inyectan combustible a gran presión. La operación demora algo más de 1 hora. En Argelia, tenía entendido, se presentan continuamente revueltas, el gobierno es militar, o dominado por militares, tienen buenas relaciones con Rusia. Allí no podía intentar bajarme del avión.

Despegamos y aterrizamos a las pocas horas en Dakar, capital de Senegal a orillas del Atlántico. Esta ciudad africana era la meta final del famoso Rally París–Dakar y muchas veces lo había seguido por televisión. Desde esa época había deseado conocerlo pero no en las circunstancias de total dependencia en que me hallaba. Se repitió la operación de reabastecimiento de combustible, aunque la demora fue menor. También el piloto ordenó en ruso que nadie se bajara.

Por fin ya oscureciendo despegamos tomando rumbo Oeste con la negrura del Océano Atlántico bajo nuestros pies. La velocidad del avión era aproximadamente 900 Km. por hora, estábamos a más de 40.000 pies sobre las aguas del mar, todo era oscuro, no se veía nada, solo las luces rojizas de los instrumentos del avión. Todos callados.

Realmente es intimidante cruzar el Océano en la noche. Estábamos en la zona Ecuatorial donde nacen las grandes tormentas y huracanes que después llegan al Caribe y Norteamérica y aunque no era la época para esas formaciones de todas maneras es de grandes variaciones barométricas. Yo miraba la penumbra rojiza, la cabina del piloto y copiloto y me preguntaba, qué instrucciones obedecían. Yo no lo sabía. Abajo, a través de las ventanillas en el negro intenso del mar se distinguían algunos puntos luminosos que señalaban la presencia de barcos. Un amarizaje en la noche, por fallas en los motores es sinónimo de desastre ya que no se puede apreciar la superficie del mar para tratar de amarizar lo menos violento posible.

Amarizar ya de por sí es una operación mortal y en el caso de sobrevivir al impacto, queda el reto de superar los peligros del océano. En los canales de televisión y similares continuamente presentan programas especiales en los que se aprecian biólogos jóvenes en modernas embarcaciones arrojando por la borda mezclas de grasa, sangre y vísceras de pescados para atraer tiburones, cámaras de televisión y, naturalmente, equipos de seguridad: Jaulas de metal como refugios. Repiten que los tiburones no son peligrosos y que es más probable que una persona muera por la descarga de un rayo que por mordedura de tiburones. No creo que dirían lo mismo sin jaulas, sin equipo de buceo y con su embarcación en el fondo del mar.

No soy biólogo pero creo que muchos tiburones relacionan embarcaciones con humanos y comida.

En los ríos de las selvas del Guainía se botan granos de maíz en ciertas partes, periódicamente, y los peces comestibles de buen tamaño convierten esos sitios en su despensa pero terminan en el plato de un pescador ingenioso. Esos pequeños peces aprenden.

Los seres humanos no hacemos parte del menú de los tiburones dicen unos científicos pero muchos de ellos han devorado seres humanos ignorando opiniones tan autorizadas.

Los escualos no le hacen daño a buzos con sus equipos apropiados y se dedican a mordisquear entonces piernas de bañistas y surfistas desprevenidos.

A finales del siglo XIX un respetado matemático demostró con cálculos que un aparato mas pesado que el aire no podía volar. Las moscas, murciélagos y pájaros no se daban por aludidos y lo seguían haciendo.

Cito esto para ilustrar que muchas opiniones de eruditos, en cualquier tema, son posteriormente desvirtuadas.

Con las cifras, conveniente y estratégicamente manipuladas se pude demostrar cualquier cosa. Eso lo saben muy bien muchos economistas modernos. Y políticos.

No recuerdo haber visto a hombres de ciencia pasearse por las sabanas africanas, en camionetas, tirando trozos de cebras y antílopes a leones para estudiarlos[40]. Todas estas elucubraciones las producía mi imaginación para mantener el cerebro un poco libre de estrés. Periódicamente prendía el GPS y monitoreaba la ruta. Tiempo después el contorno de Suramérica apareció en la pantalla iluminada. ¿Dónde aterrizaría para abastecer de combustible?. Evidentemente no le alcanzaría la cantidad que los depósitos contenían en ese momento para llegar a Iquitos. Tomó rumbo al norte de Suramérica y comenzó el descenso suave.

TRINIDAD Y TOBAGO

Pusieron rumbo a Trinidad y Tobago, isla caribeña al norte de Venezuela. Aquí era mi oportunidad para desvincularme de ésta situación. No sabía qué instrucciones tendrían a cerca de mí en la eventualidad que intentara con cualquier excusa, ya en tierra, abandonar el IL–76. Era bajarme o terminar después preso en Perú o Colombia porque, como estaba diseñada la operación ería fácilmente detectada y descifrada. Entablé charla con el piloto y copiloto, yo no sabía que habían conversado en Ammán con quienes los contrataron.

Evidentemente era claro para mí que yo estaría seriamente implicado si continuaba en ese vuelo. Tenía que andar con cuidado. Temía despertar sospechas en los pilotos a cerca de mis intenciones secretas de quedarme en Trinidad y Tobago. Llenar los tanques demoraría hora y media, tiempo suficiente para aprovechar cualquier oportunidad.

Era casi medianoche, las luces de las ciudades y pueblos de Venezuela se notaban nítidamente por las ventanillas del lado izquierdo. Al frente teníamos a lo lejos las luces de Puerto España. Los latidos de mi corazón se aceleraron y tuve que esforzarme para aparentar despreocupación y tranquilidad. Aterrizamos. El avión entró en pista de rodaje y se detuvo para el abastecimiento.

—Nadie se baja –Dijo el piloto en ruso–, para mi alarma y descendió para supervisar el tanqueo.

—Capitán —le dije al copiloto—, ex piloto de Mig, ¿Por donde vamos a entrar a Suramérica?

Sacó sus cartas aeronáuticas de nivel superior de ruta y señaló con el dedo, una que iba de Trinidad—Tobago pasaba por el norte de Venezuela y luego tomaba otra al sur al (VOR Bog) y de allí una aerovía directo a Iquitos. Me tranquilicé. Tenía el temor que hubiese escogido una que atravesaba Venezuela, llegaba por cerca de Arauca (Colombia) y terminaba en Iquitos (Perú). Ésta era la más indicada para el lanzamiento cerca de Barrancominas. No se desviaba mucho de ella. Pero según la escogida, la desviación era de 300 Km.

—Capitán —Le pregunté— ¿Cuánto se puede desviar de la aerovía?.

Yo sabia, por normas de legislación aeronáutica que el avión solamente se puede salir 5 millas máximo a lado y lado.

—5 millas a derecha o a izquierda —Respondió—.

—Capitán —le pregunté de nuevo— ¿Usted a donde va a lanzar la carga?.

—Cerca de Iquitos

No le entendí muy bien por su marcado acento ruso al hablar en inglés y le pedí confirmación.

—Cerca de Iquitos.—Dijo— Pronunciando lentamente.

Era territorio peruano.

—Capitán —Le pregunté— ¿A Uds. qué les dijeron en Ammán?

—¿De qué? —Preguntó el copiloto—.

—¿No les dijeron que el lanzamiento podía ser en otra parte fuera del Perú?

—¡OH! no señor —Dijo sorprendido el copiloto—. Esperemos al comandante

Este es un aeropuerto muy bien iluminado. Por la pista principal estaba aterrizando un avión a reacción grande de color oscuro, sin marcas visibles. Era parecido al Nimrod, avión de Inteligencia electrónica Inglés. Pensé que posiblemente nos estuviera siguiendo.

REGRESO DE TRINIDAD Y TOBAGO A AMMAN.

En esos momentos subió el piloto. Yo, sin entender nada, escuché con atención lo que el copiloto le comentó, en idioma ruso sobr lo que yo preguntaba.

—Capitán—¿No tiene otra instrucción de Ammán, para el sitio del lanzamiento?— Le pregunté—

—Si señor. Que si no lanzaba la carga, aterrizara en Iquitos con la carga. —Me dijo—.

–Capitán. Por favor regrese inmediatamente para Ammán –Le dije sin vacilación–.

No sabía qué otras instrucciones tendrían respecto a mí. Tal vez, acompañar la carga sin paracaídas. Se me ocurrieron muchas cosas. Santos y Alberto, los peruanos encargados del lanzamiento de la carga con paracaídas solamente escuchaban en silencio sentados atrás y con los ojos y oídos muy abiertos. Un gran peso se quitó de mis hombros. Era una oportunidad, ya que no dejaban bajar a nadie del avión, de hacer abortar la operación[41].

–No, Nosotros o lanzamos la carga cerca de Iquitos o llegamos con ella a Iquitos. Tenemos que cumplir el contrato –Me dijo el copiloto después de charlar con el piloto al mando–.

–Existe ahora un problema muy grave. Regresemos inmediatamente a Ammán.–Les dije–.

Nunca les dije que lanzáramos la carga sobre territorio colombiano, como lo aseguró la fiscalía posteriormente sin prueba alguna, solamente con algo que ellos llaman análisis probatorio. No me hubieran obedecido, además. Tenía serios temores que si llegaba con el avión a Iquitos, con carga o sin ella, me estuvieran esperando más sorpresas desagradables. Mejor hacer abortar la operación y regresar.

El que ellos tuvieran otras instrucciones me sorprendió gratamente. Ahora podía aprovechar esas contradicciones para salir indemne de éste embrollo. Podría regresar sin ninguna prevención. Diría que yo sí estaba dispuesto a cumplir mis instrucciones pero el piloto al mando de la nave tenía otras, como en realidad sucedió.

Más tarde, el copiloto redactó, en perfecto inglés, una constancia certificando que yo era el único responsable del regreso del avión a Ammán. La firmé.

–¿Porqué? –Preguntaron– Santos y Alberto cuando les pedí que firmaran

–Porque los pilotos tienen instrucciones diferentes a las mías. Ellos van a dejar la carga en Iquitos y yo tengo otras coordenadas.

–¿Qué es eso? –Me preguntó Santos– Señalando el papel

Ellos no entendían el inglés pero les traduje.

–¡Cómo!. Lleguemos a Iquitos y en camiones llevamos las cajas a la pista peruana.–Dijeron al unísono–.

Sus palabras me dieron a entender que estaban en otro planeta. Firmaron como testigos a regañadientes, después de decirles que el único responsable del regreso del avión a Ammán era yo. No les dije nada más. Tiempo después, leyendo el expediente en la cárcel me enteré que los habían contratado con los mismos argumentos que me dijeron en Barrancominas.

Tiempo después leí que por esos días, el presidente del Perú, Alberto Fujimori y su asesor de inteligencia Vladimiro Montesinos, estaban en Iquitos. Vaya coincidencia. Después del abastecimiento de combustible en Dakar, emprendimos el regreso con destino a Ammán. Inmediatamente dormí profundamente. Al aterrizar estaba un empleado de Sarkis en el aeropuerto. Muy serio me pidió el GPS y el radio ICOM. Se los entregó a Santos, quien los recibió muy alegre. Me despedí de ellos ya que, inmediatamente me entregaron un pasaje en la ruta: Ammán–Ámsterdam–Lima. Me libré de un enredo mayor. Yo estaba feliz por haberme zafado de esa intriga pero con nostalgia por dejar atrás a Nancy.

UN INGLES EN AMMAN

La mayoría de la servidumbre en hoteles y restaurantes son egipcios y sudaneses, es raro que alguno hable el idioma Español. De hecho solo encontré uno en un restaurante en el Aeropuerto internacional Alía. Leo y escribo el idioma Inglés aceptablemente, pero mi pronunciación es deficiente. Yo estaba en la sala de espera del aeropuerto donde el secretario de Sarkis me había dicho que lo esperara a él para acompañarme hasta los counter de mi vuelo que me llevaría a Ámsterdam.

Observé a un señor de mediana edad y baja estatura arropado con una cobija azul, durmiendo cómodamente sobre varias sillas, con una almohada y una cobija a cuadros encima. Me senté casi frente a él. A los pocos minutos se levantó, miró a todos lados, me pidió el favor que le cuidara el equipaje, calzó las pantuflas, tomó sus gafas, cepillo de dientes, jabón, toalla y se dirigió al baño. Al regresar, pausadamente, recogió sus pertenencias, dobló cuidadosamente las cobijas y las introdujo en su equipaje junto con los otros elementos. Tosió y me preguntó con típico acento británico:

–¿Where do you come from?

–De Suramérica le dije con amabilidad.

Una persona que pasaba, la cual había conocido antes, sin detenerse saludó con un gesto de cabeza.

–¿How are you? –Le dije–.

–Fine, and you?

–Ok –Le contesté–.

–Me too –Respondió alejándose–.

En ese momento, el inglés, quien observaba en silencio, levantó la cabeza y mirándome dijo:

–No, no. It`s incorrect –Dijo–.

–Wat? –Le pregunté–.

–What?– Why?

Para abreviar, me dijo que era incorrecto decir: –Me too– (Yo también) –Where Do you come from? –Le pregunté–.

–England –Respondió–...from London

De ahí en adelante me dio lecciones de sintaxis y gramática inglesa. Le manifesté que el idioma Inglés era muy fácil en el uso de verbos pero que la pronunciación me parecía difícil porque no tenía reglas como el idioma Español. En éste, salvo pocos casos, las vocales se pronuncian igual sin importar las consonantes. En inglés es diferente porque la i por ejemplo, tiene varios sonidos de pronunciación. Le insistí que en el inglés de USA, al menos, lo que yo conocía por películas y amigos, decir: "Me too", no era incorrecto, sin embargo me aseguró que los norteamericanos no sabían hablar, correctamente, el inglés. Al despedirnos intercambiamos direcciones y teléfonos y prometimos estar en comunicación

Media hora antes de la salida de mí vuelo apareció el secretario de Sarkis:

–Sígame –Dijo lacónicamente–.

Yo tenía 2 maletas y una de ellas llevaba recuerdos artesanales de Jordania para mis allegados, desde barro del Mar Muerto, botellas con paisajes elaborados con arena coloreada, postales con paisajes típicos del desierto, hasta reproducciones de pinturas de sitios turísticos.

A propósito siempre me ha llamado la atención que muchos países en el mundo se enorgullecen de tener sitios declarados patrimonios de la humanidad con gran justicia, además, pero eso sumado a ganar concursos de belleza,partidos de fútbol, y marcas en el Libro Guiness no les sirve de mucho a la mayoría de sus habitantes.

Me dejó en la aduana y a agentes de seguridad les entregó mi pasaporte y se despidió.

–Adiós –Me dijo en árabe–.

Yo le contesté, en el mismo idioma, que me alegraba mucho de haber tenido la oportunidad de conocerlo.

El vuelo Ammán–Amsterdam, fue en un avión de la ROYAL JORDAN, empresa de propiedad de la familia Real Jordana.

Todo el vuelo hasta Amsterdam fue de meditación mezclada con incertidumbre por la extraña intriga en la que me habían envuelto.

En la capital holandesa, tras una espera de varias horas estaba de regreso a Lima. Toda esta operación tenía muchas cosas extrañas. En realidad a mí no me necesitaban para nada si la intención era lanzar los fusiles sobre Colombia, pero como había podido comprobar esas no eran las instrucciones dadas a los pilotos, en último término.

¿Qué se escondía detrás de todo esto?

Mis palabras están avaladas por los hechos.

Tomé la determinación de presentarme con la cara en alto y enfrentar en Lima lo que sucediera. Tenía mucho a mi favor. También concluí que lo mejor era reunir dinero suficiente y abandonar Colombia para establecerme en otro país. Estoy seguro que tengo aptitudes, salud y voluntad para ganarme la vida lejos de las tierras que me vieron nacer. Pienso volar comercialmente hasta cuando la legislación aeronáutica lo permita y luego como piloto privado en mi propio avión seguir volando. Todo lo anterior lo pensaba mientras el B–767 cruzaba el Atlántico, y también ahora cuando reviso estas líneas. Continuamente recordaba los últimos incidentes, sobre todo el de Trinidad y Tobago.– ¿Era conveniente regresar a Lima?– Me preguntaba.

–¿Qué podía hacer yo?

–¿Descender del avión en la escala técnica en Curazao y presentarme a las autoridades?

Técnicamente, no se había cometido ningún ilícito, pero si yo hubiese pretendido obligar a las tripulaciones lanzar carga en Colombia ya el asunto era distinto. Tenía solamente unos pocos dólares, no recuerdo bien pero la cantidad no superaba los 10 dólares, además en Lima podía presentarme sin ningún complejo de culpa pues yo no era responsable de la planeación efectuada.

LLEGADA A LIMA

Al llegar a Lima, me estaba esperando el mismo tipo que me recibió el 12 de Noviembre de 1998, me llevó a una casa, ya no a las oficinas de Nipón Corporation. Camilo llegó al día siguiente. Mis reclamos por las continuas mentiras los planteé de inmediato.

–El piloto mintió– Vamos a conversar con unas personas– Dijo

Asistieron Camilo, Mario y varias personas más. Aunque yo sabía, por noticias de televisión y prensa, que la Inteligencia del Perú estaba bajo la dirección de Vladimiro Montesinos[42], nunca lo vi, nadie lo mencionó en Perú o Jordania, tampoco cuando me contrataron verbalmente en Barrancominas. Ya no confiaba en nadie, solamente estaba salvando mi pellejo y la seguridad de mi familia. En la casa donde me alojaron, me mantuvieron bajo llave, no tenía teléfono. Solamente salí en compañía de Camilo y otros señores. Una muchacha llegaba por las mañanas a cocinar, luego se marchaba por la noche.

En las oficinas de Nippon me pidieron explicaciones por yo haber devuelto el avión de Trinidad y Tobago a Ammán, les relaté todo como había sucedido. Solamente recalqué que para lanzar carga en paracaídas en Colombia, sin autorización, un piloto se arriesga a ser derribado por aviones militares. Les dije que en cualquier operación aérea y más si es de carácter ilícito se debe contar con la participación conciente del piloto. Este debe saber la realidad desde antes de despegar. El dinero acalla escrúpulos. Es una completa idiotez tratar de cambiarle su plan de vuelo a última hora.

Tenía la certeza que yo no estaba diciendo nada nuevo para ellos que por su formación, entrenamiento militar, y experiencia debían saber.

Mario traducía mis palabras al francés para otra persona que yo no conocía. Discutían mucho. Sabía que estaba en juego mi seguridad. Me pidieron que esperara en otra oficina.

Me regresaron a la casa. Por la noche, Camilo me llevó a otra casa donde me presentó un señor de aspecto extranjero, de unos 60 años, y me pidió que relatara otra vez lo ocurrido. Escuchó en silencio, entendía bien el español. Fui muy breve. No dijo nada, nos despedimos.

Un día me pusieron en la mano un tiquete con destino a Bogotá, el avión salía por la tarde. Solicité a Camilo me pagara mi tiempo en Ammán, aunque no hubiese realizado el trabajo para el cual fui contratado.

—Camilo —Le dije— Necesito dinero. Págueme mi tiempo de estadía en Jordania al servicio de Uds.

—¿Cuánto cobra?

—Mi tiempo vale USD 3.000 mensual, por 4 meses, total USD 12.000.

Tranquilo— Respondió— Aquí no tengo dinero, pero como en realidad UD no tuvo la culpa, le vamos a cancelar 120.000 dólares. Vaya a Barrancominas. Allá encontrará a un peruano que le pagará 120.000 dólares

—¿120.000 dólares? —Le pregunté con los ojos bien abiertos—.

—Sí —Dijo con una sonrisa—.

—De todas maneras la operación ha sido anulada —Remató—.
Así fue como salí de una conspiración internacional de tráfico de armas. Eso pensé en ese momento. Iluso, No me imaginaba que peores tiempos estaban por venir.

REGRESO A COLOMBIA

Al llegar a Bogotá (Colombia) el 2 de Marzo 1999, pensé que había escapado ileso a un "affaire" bastante indescifrable y de consecuencias impredecibles. Mi nombre estaría vinculado a él aunque en última instancia yo no había cometido ilícito alguno contra Colombia ni contra otra nación. Me encontraba sin dinero pero al menos con vida.
En Villavicencio (Meta) mi madre y mi hermana se alegraron al verme. Lejos estaba de pensar que todo no terminaría allí. Apenas el embrollo comenzaba. Aunque en Perú me dijeron que la pretendida operación aérea sobre Colombia estaba definitivamente anulada, el solo hecho de haber estado en Jordania con los peruanos me hacía vulnerable hacia el futuro.
Yo estuve en el Guainía desde mucho tiempo antes que llegara la guerrilla y tenía aspiraciones políticas. No podía tampoco dejar de ir a un territorio que había aprendido a querer. Aunque la guerrilla no me había contratado ya tendría tarde o temprano que dar explicaciones. Estaba en una encrucijada.
—¿Qué podía denunciar en Colombia? ¿Qué unos señores me dijeron que lanzarían cajas sobre la selva colombiana pero que a fin de cuentas no lo hicieron ni trataron de hacer?
—¿Que yo fui a Jordania contratado para una operación legal que después supe que era ilegal pero que en últimas no tenía nada de ilegal?
—¿Qué me devolví de Trinidad y Tobago porque la operación era legal ya que el piloto ruso no tenía instrucciones ilegales? ¿Qué la operación había sido anulada?[43]
Finalmente decidí, antes de otras posibles acciones, ir a Barrancominas a cobrar el dinero que me prometieron en Lima ya que según ellos, allí estaba la persona (El general) quien me contrató y él me pagaría 120.000 dólares. Es mucho dinero para cualquier colombiano y más aún si es un piloto desempleado.

Descansé algunos días pero ante la urgencia de dinero y que, además, la supuesta operación había sido anulada viajé a esa localidad. Si no me cancelaban los 120.000 dólares, al menos los 12.000. En las minas de oro de Mai.Machi había conocido a una persona quien me presentó posteriormente un amigo suyo de nombre Peter de quien yo sospechaba era de algún organismo de inteligencia por sus actitudes pero no daban razón, lo llamé al número telefónico que yo tenia de él pero no lo conocían. Pensaba contarle lo ocurrido. Era el único conocido a quien le podía confiar lo que me había ocurrido, mi odisea. Tenía desconfianza de acudir a otros, porque, en realidad, circulan por el Llano muchos comentarios a cerca de lo que le ocurre a los que informan detalles de actos ilícitos. Decidí ir a buscar el dinero. Después vería que camino tomar. Hasta el momento no se había cometido delito contra Colombia o país alguno. Ni tampoco había existido intento, porque la tripulación del IL-76, que yo devolví de Trinidad y Tobago tenía instrucciones únicamente de dejar la carga sobre territorio peruano. El embrollo en mi mente era total.

BARRANCOMINAS

Al llegar a Barrancominas, inmediatamente fui conducido por río, a un sitio, a 3 horas de viaje. Por selva y río, donde pensé encontrar al peruano quien me contrató.

Yo llevaba solamente mis útiles de aseo y una muda de ropa.

—Espere aquí —Me dijeron—.

Los guerrilleros son muy parcos con los "civiles", como nos dicen a los que no somos guerrilleros.

Si uno les pregunta algo responden con evasivas o dan respuestas tontas. Como los comandantes no les cuentan pormenores de las actividades que ellos realizan o ven, hacen conjeturas truculentas sobre lo que no saben.

—A los guerrilleros, los comandantes solo nos comentan o informan lo que debemos saber, nada más —Me comentó una linda guerrillera[44] de cabello largo negro, ojos color miel y un fusil AK-47 al hombro, cuando le indagué por el comandante del Frente XVI—.

En las horas de la noche llegó el Negro Acacio.

—Señor ¿Qué fue lo que pasó? —Preguntó, sin mediar saludo alguno—.

Él nunca había arreglado nada conmigo, ni me contrató, pero no se necesita ser investigador profesional para inferir que la guerrilla era una pieza en ese embrollo. Relaté lo ocurrido. Escuchó en silencio. No preguntó nada. Serio. Por unos instantes permaneció pensando:

—Yo tenía otra versión— Dijo con rostro adusto.

—¿Cuál?— Le he contado la verdad —Dije—.

No contestó nada. Evidentemente ellos ya se habían comunicado con los peruanos. ¿Qué le habrían dicho? Creo que mi entereza me salvó de potenciales peligros.

Le comenté que me prometieron un dinero que me entregaría El general en Barrancominas. Me arriesgué a decirle que tenía afán de regresar a mi casa, entre otras cosas a buscar trabajo y ver a mi madre que estaba enferma.

—Va tener que esperar unos días —Dijo muy lacónico—.

Es necesario contextualizar mi situación. Estaba en la selva en una zona de dominio de la guerrilla. He aprendido a sobrevivir en estas áreas. Los que se ponen en conflicto con las determinaciones de un jefe guerrillero o a discutir con él, el futuro se les pone incierto.

No imaginé que esa espera se convertiría en varios meses. De ahí en adelante todo lo recuerdo como una mala película, pero voy a tratar de ser lo más conciso posible. Ese día, el Negro Acacio, se quedó allí donde yo estaba, con su guardia personal. Ante mi insistencia de viajar rápido y argumentando que volvería cuando estuviera el peruano, me dijo:

—No, no se mueve de aquí, Yo le digo cuando se puede ir.

—¿De acuerdo?.

Más claro no canta un gallo. Se marchó y regresó a los varios días.

—Vea —Me dijo— Yo quiero aprender a manejar estos aparaticos y me mostró 2 GPS. Marca Garmín, de diferentes modelos.

Las lecciones eran cortas, de media hora. Me mandaba a buscar, me llevaba a un sitio. Prenda el aparato, explíquele...una y otra vez. Nunca se quedaba en el mismo sitio. A mi me tuvo en muchos. Un día, cuando nos encontramos, le entregué un papel con las instrucciones para el manejo. Lo tomó y lo guardó. Es muy fácil criticar, hacer conjeturas posteriormente, y decir, desde cómodas oficinas con fuerte protección policial, cual debió ser mi actitud.

Otra cosa es la dura realidad, en medio de la selva y con guerrilla por todos lados.

El GPS se enciende y automáticamente, a los 30 segundos en la pantalla aparecen las coordenadas del lugar donde se encuentra, la latitud y

la longitud, con grados, minutos y segundos (en milésimas). Muy exacto,
su error no supera, en promedio 10 metros. Para operar el GPS no se
necesita ningún experto. Solo saber leer. Me dijo que de ahora en adelante la guerrilla utilizaría el GPS para sus desplazamientos y viajes por
selva y sabanas. Llegábamos a un sitio, sacaba un GPS (tenía más de
uno) oprimía la tecla de prendido me lo pasaba para "ver si estaba
bien", sacaba una libreta y revisaba o anotaba las coordenadas. Supuse que estaban hallando las coordenadas para sus viajes y citas
con otros guerrilleros.

Nunca estuve atado pero un guerrillero siempre estaba cerca de mí,
de hecho estaba "retenido", como ellos dicen. Durante ese tiempo enfer-
mé varias veces de paludismo para lo cual me inyectaron quinina en las
venas, es como si inyectaran agua a 100 grados en el cuerpo, yo estaba
casi transparente. Tienen enfermeros que le dicen a uno si el paludismo
es falcíparo o vivax, las dos clases de paludismo, yo tuve de las dos. En
Abril o Mayo me llevaron a Barrancominas, a que me recuperara ya que
estaba muy enfermo.

Para realizar una llamada telefónica se acudía a unas instalaciones
llamadas SAI[45], donde era necesario dar a un empleado el número telefónico a donde se va a llamar. Cuando se hablaba siempre estaba alguien
escuchando la conversación, era mejor no cuchichear ni hablar en voz
baja porque despierta inmediatamente sospechas.

Yo no había vuelto a saber nada del General Peruano, desde que me
contrató y dio las instrucciones iniciales. No recuerdo bien sus facciones, se podría cruzar conmigo sin reconocerlo. A Camilo sí lo reconocería
inmediatamente. A veces estaban con nosotros unos peruanos. En esos
lugares y circunstancias no se puede preguntar mucho. Simplemente,
saludos, charlas, juegos de naipes y nada más. Otra cosa es lo que cada
uno se imagina. Nunca me comentaron qué hacían en ese lugar ni lo
pregunté. Uno tiene que dominar la curiosidad.

Estando en una recuperación de paludismo, en Barrancominas, llegó
por la tarde un avión monomotor procedente de Villavicencio. Yo estaba
en la pista de aterrizaje del pueblo con una amiga, bajo la sombra de una
construcción abandonada. El piloto se acercó a donde estábamos a preguntar dónde podría tomar un refresco. Le dijimos donde y nos invitó a
que lo acompañáramos. Le entablé charla y le comenté que yo también
era piloto. Como es de conocimiento aeronáutico, pernoctar en
Barrancominas genera sospechas a las autoridades en Villavicencio.
Como él tenía que esperar al pasajero para regresar con él, le sugerí que

volara a Inírida y madrugara al otro día. Me dijo que no conocía esa ciudad. En Barrancominas circulaba la noticia que una programadora de televisión grabaría en Inírida ese fin de semana.

–Es un pueblo muy interesante y allí ahora debe estar en ebullición porque van a grabar el programa "El Show de las Estrellas". Yo trabajé mucho tiempo en Inírida –Le dije–.

–¿Porqué no me acompaña UD. capitán? –Me inquirió–.

Yo lo pensé rápido. Estaba hacía varios días en Barrancominas y me encontraba un poco recuperado. Hasta ese momento no tenía noticia que se hubiese realizado vuelo alguno. No aparecía El general, quien me pagaría lo prometido en Lima en Marzo, pero según me decían, podía llegar en cualquier momento. Decidí aceptar ya que regresaríamos al siguiente día.

–Bueno –Le respondí–.

Aunque por esos lugares la desconfianza es latente, él se atrevió a invitarme porque mi amiga era conocida de él, según me percaté. Aunque tenía mis movimientos restringidos cuando estaba por el río y no vislumbraba los acontecimientos posteriores no vi problema en ir.

En el aeropuerto de Inírida había mucha gente, llegaban vuelos con equipos y técnicos para la grabación de un programa de televisión. En la pista me saludé con todo el mundo. Recuerdo en especial a Heriberto, político y comerciante, llamado "Carebongo" amistosamente por todos.

–Hola Fittipaldi –Me saludó–. Era un organizador del evento.

¡Caramba!, Estaba un poco cambiado el pueblo: Más grande, calles pavimentadas.

En 1991 en inírida, yo había grabado en vídeo unas entrevistas con personajes de la región, contando anécdotas de su vinculación a Inírida. Y la historia de muchos hace la historia de la comunidad. Vi muchas caras conocidas pero también faltaba mucha gente. En una de esas entrevistas, posteriormente editadas[46], a una indígena le pregunté:

–¿Qué opina del Guainía?

Ella dio la respuesta más genuina que yo haya escuchado:

–Yo quiero mucho al Guainía porque me ha dado todo, empleo y una familia.

Yo también aprecio esa región. Caminando por las calles recordaba todo eso en medio de saludos. Pasó por mi mente lo sucedido a principios de la década del 90, cuando una incursión guerrillera emboscó a una patrulla de Policía al dirigirse al aeropuerto.

Visité a una señora amiga, quien ahora tiene además de la cafetería un hotel. Allí me hospedé.

Esa noche departimos unos momentos con el piloto y varios amigos, me encontré con el gobernador del Guainía:

–Hola Libardo ¿Como está?

–Bien –le dije–.

El gobernador se retiró para su mesa y yo para la mía.

A principios de 1998 me había ofrecido pilotear un avión que le había entregado la oficina de Estupefacientes, era un CESSNA 180 que estaba en un taller en el aeropuerto Vanguardia de Villavicencio. Un funcionario se entrevistó conmigo y dijo que tan pronto estuviera listo el avión lo llevara a Inírida. A los 2 meses, y después de hacer un entrenamiento en el mismo tipo de avión y estando listo para volar a Inírida con la aeronave me pidieron las llaves y manifestaron que ya no me necesitaban.

A la mañana siguiente regresamos a Barrancominas no sin antes ofrecer al dueño de la programadora de televisión que estaba grabando en Inírida y que encontramos desayunando en el hotel Orinoco los servicios del avión 206 de mi nuevo amigo. Pensamos que lo necesitarían para grabaciones de escenas desde el aire.

–No señores –Dijo– Gracias.

La aviación desde sus inicios en Estados Unidos, se ayudó para su sostenimiento y crecimiento tecnológico de actividades muy diversas, no solamente transportando personas. Existieron muchos circos aéreos que daban exhibiciones a multitudes que pagaban para verlos cerca, aún hoy subsisten. La aviación no ha sido un símbolo de riqueza. Se ha forjado llevando comida a gente que no tenía otro medio de transporte más expedito. La historia de la aviación está llena de anécdotas en Australia, Canadá, Alaska USA y Colombia, para mencionar unos pocos países, en la que un piloto llegaba a agrestes zonas a buscar pasajeros para su avión. Cualquier potrero era una pista. Las primeras décadas del siglo XX fueron testigo de ello. Los llanos Orientales de Colombia fueron escenario de estas vicisitudes, igual que en los albores de la aviación comercial.

Por ello respeto y admiro a muchos pilotos que han dejado su trabajo, su sudor y aún su sangre y vida en estas tierras.

Por ello vimos en la actividad que se desarrollaba en Inírida posibilidades de dinero extra. Si yo ayudaba en algo me ganaría unos pesos. Ante la negativa, desayunamos y despegamos de regreso a Basrrancominas.

Después de un vuelo sin problemas llegamos, aterrizamos y carreteamos hasta la cabecera.

Hasta ese momento, aunque estaba incómodo con la demora del peruano, la perspectiva del dinero me daba ánimo para soportar la espera.

Me bajé, subió el pasajero. Unos milicianos, al verme expresaron su sorpresa.

–¿Cómo así UD. donde estaba?–

Deduje que tenían el encargo de no dejarme salir de Barrancominas. Me trasladaron, otra vez, a río y selva. De ahí en adelante aumentaron las restricciones para mis movimientos. Fue cuando me di cuenta que estaba técnicamente retenido.

–A cualquier momento llega el peruano y le paga, me decían

Después de un tiempo llegó al sitio donde yo me encontraba alojado una comisión de guerrilla, el motorista y otro:

–Alístese que viaja con nosotros

Arreglé mi maletín. Como todas las veces anteriores era inútil preguntar a donde me llevaban y a qué. No contestan o son muy lacónicos. Al rato llegamos a un sitio, a orillas de un caño. Allí estaba el negro Acacio:

–Señor –Me dijo– Revise estos GPS, porque parece que están mal las coordenadas de éste sitio.

Anoche –Prosiguió– Debieron llegar unos paquetes por avión, lo escuchamos pero no encontramos nada.

–¡Caramba!. La operación cancelada. –Pensé–.

Revisé comparando los 2 GPS entre ellos, las coordenadas. Todo está bien. Esas son las coordenadas correctas que corresponden a este sitio –Le dije–.

Estaba muy enojado pero no lo exteriorizaba abiertamente. Su contrariedad se reflejaba en su semblante adusto y sombrío. Los guerrilleros de su guardia esperaban callados y distantes a. unos 10 metros. Ellos no escuchaban nuestra conversación.

–Vamos a buscar a ver que fue lo que pasó –Dijo con voz cortante y fría–.

Organizó rápidamente patrullas de búsqueda. Estábamos a 10 minutos del río Guaviare, tiempo empleado en embarcación remontando un río muy angosto bordeado por una selva exuberante. Varias patrullas recorrerían en la finca sobre cuyos terrenos estaba la casa y otros por el río Gaviare, el caño y una laguna cercana. No encontraron nada después de intensa pesquisa de varias horas.

El ambiente era tenso. Finalmente pasados 2 días una patrulla llamó por radio al Negro Acacio. Yo estaba almorzando y espantando mosquitos en un patio con varios guerrilleros a mi lado cuando él, al escuchar el llamado, se retiró, como es usual, y contestó por su radio portátil. Transcurridos unos segundos se acercó y dijo a todos:

–¡Vamos cerca de la laguna, parece que encontraron algo en el agua!

En silencio, con rostros alegres, cogieron sus mochilas y embarcaron.

– Traiga su maleta y venga conmigo –Me dijo–.

Monté en la embarcación de fibra de vidrio, muy rápida, con motor de 200 HP, con capacidad para 10 pasajeros con equipajes, potente equipo de sonido de varios cientos de watts; que él mismo conducía. Las rancheras de los CD opacaban el ruido del potente motor. La vía acuática era muy angosta y él cogía las curvas con mucha velocidad y pericia.

–¿Qué tal una embarcación en sentido contrario? –Pensé–.

A veces era necesario cortar con machete ramas sobre el río, unas de ellas con espinas muy cortantes de una planta llamada uña de gato. Uno puede dejar, si se descuida, orejas y pedazos de piel colgando en ellas. Yo estaba con sentimientos encontrados. Por un lado, contento porque el negro Acacio despejaría sus dudas sobre una supuesta manipulación mía, de las lecturas del GPS y por otro preocupado porque no sabía de donde venían esas cajas. ¿De Jordania? Talvez?

En ese caso era mentira que la operación desde ese país había sido anulada.

Llegamos a un punto del caño, cerca de la laguna. Era verano y el nivel de las aguas descendía cada día. Era necesario esquivar muchas ramas grandes de árboles derribados y sumergidos. Varios guerrilleros se encontraban sobre una embarcación de madera y otros, dentro del agua, con algo entre sus manos. Era un paracaídas. Al vernos, alborozados, hicieron señas.

El Negro Acacio arrimó con cuidado junto a ellos.

–Camarada –Gritaron los del agua– Estamos tratando de subir unas cajas de madera, muy pesadas.

Tenían casi afuera 2 paracaídas. Uno de color naranja y otro blanco, pero las cajas permanecían sumergidas.

El comandante guerrillero se dirigió en la embarcación a una casa cercana y me dejó allí.

–Regresa ahora a donde estaba, ya vienen por Usted –Me dijo antes de marcharse–.

Después alguien me dijo que 2 paracaídas sostenían 3 cajas de madera, amarradas en un solo paquete.

Los paracaídas eran grandes, de colores visibles. Las otras cajas estarían, supongo, en la selva. Al caer encima de árboles, romperían ramas y caerían al suelo. Muy visibles.

Tiempo después un confeso guerrillero desertor me acusaría de viajar al Perú a conseguir unos "localizadores" (¿?) para buscar las cajas…

Una persona con conocimiento de física y técnica reconoce fácilmente un barómetro aneroide y un cronómetro análogo y si están sujetos a unos paracaídas es fácil sacar conclusiones. Eso me indicó los relojes que tenían cada uno y con graduaciones de nivel de altura. el primero y de tiempo el segundo. De ahí en adelante aumentaron las restricciones a mis movimientos. No sé cuantos vuelos llegaron.

En las "clases" que el negro Acacio me solicitaba sobre el manejo del GPS me llevaron a muchos sitios o localidades.

En Arrecifal, localidad pequeña a orillas del río Guaviare los habitantes ayudaron al transporte de las cajas, según tuve conocimiento tiempo después. Blanco es y gallina lo pone. Al otro día ya la noticia estaba en Inírida, según me enteré posteriormente.

Es una ironía. Nunca en Jordania, me invitaron a que participara en otra cosa aparte de la que fui contratado: Entregarle las coordenadas al piloto al mano en el momento conveniente. Pero aquí mis acusadores me ponen en todas las etapas de la operación como figura clave sin ninguna prueba sólida. Solo suposiciones.

IL–76

Un avión, para ir del punto A al B, básicamente, solo necesita, las coordenadas geográficas. Las cartas aeronáuticas mundiales tienen información sobre la topografía y accidentes geográficos. La carga, lanzada en paracaídas sobre las selvas del Vichada tenía que venir de un avión equipado para tales operaciones. Yo en realidad no sé si fueron lanzadas de un IL–76 o fue desde el mismo que devolví de Trinidad y Tobago. El piloto está entrenado en esos menesteres. Desde la II Guerra Mundial los aviones militares están equipados con aparatos que calculan automáticamente a que distancia de un punto predeterminado debe se lanza un objeto para dar en el blanco. Los aviones modernos con la nueva tecnología electrónica están excelentemente equipados. esto lo hacen teniendo en cuenta la altitud a que vuela el avión y su velocidad, datos que los sensores del avión van incorporando al cálculo.

Para evitar su dispersión por el viento, los paracaídas se deben abrir cerca del suelo. La trayectoria hasta ese momento es de caída libre.

No es necesaria una coordinación desde tierra par ese tipo de operación. El guerrillero desertor fungido como acusador y experto aeronáutico miente el afirmar que yo me comunicaba con los pilotos.

El nombre de ellos y su nacionalidad están en el expediente. Sería muy fácil comprobar si cuando realizaron los lanzamientos se comunicaron con alguien en tierra. Si vuela a más de 22.000 pies, de noche solo se escuchan sus motores. Si vuela a 2.000 pies sobre el terreno solo se escucharía, por pocos segundos, un gran estruendo al cruzar velozmente, invisible para todos. En el año 2000 mucho tiempo después, en mi casa, en un cuaderno calculé matemáticamente los parámetros de esas operaciones.

Los IL–76 son aviones de la antigua Unión Soviética que no utilizan altímetros ni medidores de velocidad en el sistema inglés (pies), todos vienen con el sistema métrico decimal.

Aunque yo estaba retenido por esas regiones nunca oí cuando los aviones lanzaron la carga. En Barrancominas la altura sobre el nivel del mar del río Guaviare es de 1.000 pies en promedio existen elevaciones del terreno que los sobrepasan. Los altímetros de los aviones señalan la altura del vuelo sobre el nivel promedio del mar. Es decir que si marcaban 2.000 pies estaría en inminente peligro de colisión contra el terreno. Este tipo de operaciones ilícitas requieren, además, de silencio en las frecuencias de radio ya que, debido a la altitud de la aeronave, cualquier conversación por este medio es inmediatamente detectada por los equipos de inteligencia electrónica[47]. Volando sobre esta zona y hablando por radio es altamente sospechoso. Para citar un ejemplo: es como entrar a robar de noche a una casa, acompañado de una grabadora, escuchando música.

Como me lo habían planteado al momento de la contratación, el tener un radio de banda aérea me permitiría recibir las coordenadas en cualquier momento antes de llegar a Iquitos. Yo no transmitiría nada, solo recepción. También la poca potencia del radio portátil permite que un avión reciba la señal, solamente dentro de un radio aproximado de 100 Km. Y no es detectado más lejos por ser la señal procedente de la superficie terrestre. Excepto por satélites y aviones de inteligencia.

INTELIGENCIA ELECTRONICA

Todo el sur oriente colombiano incluyendo la zona de distensión está permanentemente monitoreada por satélites, aviones de reconocimiento y una vigilancia constante de todo el espectro electromagnético que se produce en esta área. Los teléfonos satelitales, celulares y equipos

HF, VHF y fijos son monitoreados, y al momento que una persona es buscada por la justicia y utiliza cualquiera de estos medios es inmediatamente detectada automáticamente por los registros electrónicos de la voz y modulación que están en la memoria de los computadores de los entes de inteligencia.

Desde finales de la década de los 60, Estados Unidos pone en órbita satélites espías (KH–11) con motivo de la Guerra Fría. En esa época un satélite de esa serie podía fotografiar a una persona en la Plaza Roja de Moscú y leer lo que estaba leyendo en ese momento.

Ahora, 4 décadas después la tecnología ha avanzado a niveles increíbles. Los grados de precisión y sofisticación son asombrosos.

No es casual que en las guerras del Golfo Pérsico se incendien los pozos petroleros. Lo hacen para "cegar" los equipos de rastreo infrarrojo de satélites y aviones. Es como recibir una luz intensa en plena cara. No permite ver detalles. Para los casos de deslumbramiento luminoso, sin embargo ya existen técnicas de interferometría para solucionarlo. Algo similar ocurrió por estos lados, según lo relataré más adelante.

Por los cielos de Barrancominas volaban continuamente aviones Citation con tecnología de vigilancia electrónica, aviones OV–10 de la Fuerza Aérea Colombiana y un C–47 modificado, conocido como fantasma. Todo el mundo se daba cuenta que cuando llegaban de noche aviones furtivos a la pista de la localidad varios minutos después aparecían los aviones a ametrallar y lanzar cohetes a las aeronaves aterrizadas.

–¡Aquí debe haber un soplón! –Decían algunos–.

Los aviones eran registrados por cámaras infrarrojas de satélites y aviones a gran altitud y al comprobar el sitio de aterrizaje, enviaban los aviones de combate. En una ocasión presencié desde la cancha de fútbol, el bombardeo de un avión en la pista por un avión fantasma. El ruido era ensordecedor cuando ametrallaban. Se distinguían perfectamente las balas trazadoras, al rojo vivo mientras el C–47 circunvolaba la pista a unos 1000 pies de altura. La silueta del avión apenas se distinguía en la penumbra de la noche.

Cuando lanzaba cohetes el ruido era distinto pero al impacto se escuchaba una explosión. Esto era recurrente y al principio cuentan que apagaban la planta eléctrica que daba energía a la población, pero se dieron cuenta que era más peligroso y no volvieron a hacerlo para que distinguieran perfectamente las casas y no fuera a ocurrir una desgracia a civiles inocentes.

Una vez, según cuentan, los interesados prendieron fuego a unas canecas llenas de combustible cerca del avión aterrizado, mientras las balas y cohetes estallaban cerca. Los aviones de combate ametrallaron varios minutos más y luego desaparecieron en la noche. Al día siguiente vi por televisión las noticias:

–¡Destruido avión del narcotráfico en Barrancominas!

Mostraron imágenes del bombardeo. Un gran incendio iluminaba el televisor: No sabían que minutos más tarde el avión, indemne, había remontado vuelo. Este era el comentario de varios pobladores. La persona que sea detectada haciendo esta clase de comentarios compromete su seguridad. En otra ocasión yo estaba almorzando cuando escuché despegar un avión. No le di importancia. A los pocos segundos la gente corría a la orilla del río. Al acudir al sitio me enteré que el avión que minutos antes había despegado de la pista, en dirección al río y luego de un viraje escarpado se precipitó a las aguas. No se veía nada. La gente comentaba que había caído en la otra orilla, a unos 400 metros arriba. Los cadáveres de sus ocupantes los rescataron pasadas 3 horas. Vi varios de ellos cuando los llevaron a la morgue en el hospital. Uno de ellos era piloto a quien yo había visto en el aeropuerto de Villavicencio, días atrás lo saludé en las calles de Barrancominas. Por allí solo se saluda y nada más. Nadie pregunta que hace uno por allí. Confieso que verlo me impresionó. Tenía una gran herida en el pecho. Talvez de la palanca del timón. Cuentan que el cementerio alberga varios pilotos de distintas nacionalidades.

Los accidentes de aviones en vuelos sin control d tráfico aéreo, son algo o triste y trágico. Trágico por las muertes y el sufrimiento de sus familias. Triste porque muchas veces los cadáveres nunca se encuentran, ni aún los lugares del siniestro. Ciertamente esto es doble desgracia para todos.

Es indudable que el narcotráfico destruye y corrompe todo lo que toca.

¿COMO SE EFECTUARON LOS LANZAMIENTOS?

Estando en la cárcel leí el libro el cual narra aspectos de ésta operación. Ya lo he manifestado en la Audiencia Pública del proceso en mi contra, que en éste se evidencia un desconocimiento, tanto de reglamentaciones aeronáuticas como de las mismas técnicas y restricciones de vuelo. El Nivel Superior de Ruta (22.000 pies) es el mínimo nivel de vuelo que puede llevar un avión en ruta Internacional. Talvez (es una opinión subjetiva pero técnica) venía a mucha más altitud y para lanzar la carga descendió del nivel que llevaba hasta 22.000 pies. Las cajas tenían paracaídas de doble apertura: barométrica y temporizada, caída libre y luego a determinada altitud se abrían. Las cajas de madera, absorben un poco las ondas electromagnéticas de los radares y ante la enormidad del avión, por contraste, son poco visibles. Por eso creo que no se dispararon las alertas. (En el avión que devolví de Trinidad y Tobago, las cajas eran metálicas). Si hubiese descendido más allá de 22.000 pies sería abiertamente contrario a la naturaleza o plan de vuelo presentado. Ya no sería un avión en tránsito por aerovías internacionales de Colombia. La Fiscalía 22 en la resolución de acusación mezcla los vuelos de Islas Canarias y de Trinidad y Tobago, que fueron devueltos con los que ejecutaron los lanzamientos. Un enredo total.

La aviónica del IL–76 es de sistema métrico decimal. Su altímetro esta graduado en metros y no en pies.

Sería bueno averiguar si ellos que estaban en e avión al momento de los lanzamientos o el guerrillero desertor apodado "Palomo"[48], y quien estaba, abajo, en la selva hicieron la conversión rápidamente o alguien se las hizo posteriormente.

En síntesis, como los aviones volaban con plan de vuelo legal y reportándose a las estaciones de control aeronáutico, al ser detectadas por los radares y no descender más allá de 22.000 pies no tendrían porqué despertar sospechas. Es la explicación más lógica que encuentro sin entrar en controversia con otras teorías.

"EL CONTEO DE FUSILES"

Varios días después de ver los paracaídas en el agua y que fuera, otra vez, conducido por una comisión de guerrilleros alguno de ellos me comentó que encontraron otros en el río Guaviare. No se si esa fue la primera o última carga que recibieron.

En ese campamento había muchos guerrilleros sentados en troncos en el suelo manipulaban unas armas. Los AK–47, fusiles soviéticos de asalto. Dicen que es de las mejores armas construidas, resistentes al sol, agua y malos tratos, nunca se traban aunque el usuario se arrastre por el suelo arenoso. Cada uno tenía al lado un montón de fusiles. No se si los engrasaban para almacenarlos y transportarlos o, al contrario, les quitaban la grasa.

Varios años después en mi proceso vi que me acusaban de "ayudar a contar fusiles". Estoy seguro, aunque la mayoría de los guerrilleros, posiblemente, no son matemáticos puros, no necesitaban de mi ayuda para contarlos. En una revista de circulación en Colombia el confeso guerrillero "Palomo", ya instalado y protegido en Washington, me acusa que también yo era el encargado de "eliminar" a los peruanos "Si no cumplían el contrato", Mas o menos dice que también soy sicario.

Según la resolución de acusación: Compré fusiles, contraté el avión le puse los paracaídas, los lancé sobre Colombia, y al mismo tiempo estaba en un avión pequeño, dando vueltas mientras descendían los paquetes, viajé al Perú a traer unos "localizadores" para buscarlos, ayudé a contarlos. El don de la ubicuidad es una bendición de la cual no puedo ufanarme, desgraciadamente, de poseer. Me parece que el Estado está en todo su derecho y obligación de investigar pero con ánimo sereno y sin prevenciones. Talvez si me acusaran que ayudé a engrasarlos o desengrasarlos sería más real.

Durante los meses que estuve retenido, cuando la comisión guerrillera encargada de vigilarme me conducía a varios sitios, observé que los hombres son muy celosos con las mujeres. Uno no puede cruzar más que unas pocas palabras con alguna de ellas porque inmediatamente es llamada por uno de ellos.

–¡Compañera! –Le dicen– No puede olvidar el reglamento. Limítese a sus actividades. No puede charlar con el civil.

–¡Compañero! Me dijeron una vez cuando repuse que estaba preguntándole por el nombre. Aquí nosotros somos los que ponemos las reglas.

Como transeúnte por esas zonas uno sabe que a veces, un guerrillero tiene una amiga especial, "civil" como dicen ellos y no es el fin del mundo. Pero si es una guerrillera la que tiene un admirador el asunto es diferente. Muy grave, para empezar.

De cualquier manera el trato entre los guerrilleros es muy distinto del que nos muestran las películas de Hollywood en las que el comandante guerrillero, sucio, con barba de varios días y con una botella de licor en la mano, trata con palabras vulgares y violencia física a sus subalternos. Al menos en lo que a mí me consta, nunca vi un trato así.

Varias veces me encontré con gente de la región, de paso por un sitio, o viajando por el río. Yo contrastaba con los guerrilleros, por ir vestido de paisano. Ellos fuertemente armados y con sus uniformes de camuflado. Unos guerrilleros interrogados tiempo después dijeron que yo había sido el piloto que estaba al mando de los aviones que lanzaron los paracaídas...Como sus superiores solo les comentan estrictamente lo necesario, ellos complementan el resto con cábalas y su imaginación. Para alegría de muchos.

En otra ocasión llegó una comisión de la Cruz Roja de Inírida, entre ellos había un conocido a quien le comenté que no podía abandonar la región.

–¿Cómo así? –Dijo– Venga con nosotros para Inírida.

–Gracias –Respondí– Son mas de 12 horas de viaje por río y todo está dominado por la guerrilla.

Sin embargo le agradecí el ofrecimiento humanitario.

Al día siguiente, reanudamos el viaje a mi nuevo sitio de morada. Nunca estuve en los sitios cuando, llegaron las cajas en paracaídas. Me imagino que cayeron en varios de los sitios donde yo había estado "enseñándole" al Negro Acacio el manejo de GPS. El comandante guerrillero, Acacio, en realidad es un tipo muy desconfiado y astuto. En Agosto de 1999 me dijo:

–Vea señor. Como el peruano se demora en venir, mejor es que vaya a visitar a su mamá, y vuelva después.

También me sugirió, no sé si en broma o en serio, que me quedara con ellos[49]. Por estrategia y aparentando completa tranquilidad yo nunca había revelado mi gran deseo de huir rápido de esos lares.

Me dio dinero para los pasajes, llegué a Barrancominas, y en el primer vuelo que llegó viajé a Villavicencio.

NUEVAMENTE EN VILLAVICENCIO

Qué decir. ¿Qué cómo me sentía?

Creí, vanamente, que ahí terminaban, por fin, mis desventuras. Qué ingenuo. Me había zafado de la intriga internacional, e iba a caer a conciencia en otra más peligrosa, al menos, para mi integridad. Fui a contar lo ocurrido a una autoridad. Pero tenía que andar con cuidado.

Cuando llegué a Villavicencio, después de unos días de descanso y de buscar a un conocido de quien yo sospechaba que trabajaba para un organismo de inteligencia[50] y siendo consciente que a cualquier momento estallaría el escándalo, por la magnitud y la manera como ¿intencionalmente? había sido diseñado.

Visité unos amigos relacionados con la aviación en los Llanos.

–Usted está siendo investigado –me dijo uno–.

–¿Porqué? –Inquirí–.

– Unos tipos están averiguando y preguntan por su paradero.
–Quienes eran?
–Sospecho que son de la Fiscalía o de inteligencia.
–¿Está seguro?
–Sí. Creo que lo están siguiendo
A los pocos días llamé a la Policía.
–Señor –dije a la persona que me contestó– necesito hablar con alguien de inteligencia.
Me puso al teléfono a un teniente, quien me citó en la glorieta de la Grama.
–Voy en un automóvil, con otra persona –Me dijo–.
Vi a lo lejos un automóvil a la hora acordada, se detuvieron. Nos dirigimos a una cafetería de la Escuela Eduardo Cuevas de la Policía. Quien habló conmigo por teléfono se identificó como el teniente "Marcos"[51]. Les relaté lo que me había ocurrido:
–Fui contratado para un trabajo legal, pero secreto, fuera de Colombia. Al darme cuenta que las cosas no eran como me habían dicho, aborté una operación aérea desde Trinidad y Tobago, motivo por el cual fui desvinculado y enviado desde Ammán a Colombia con escala en Lima. Yo no planeé, no compré ni transporté nada.
Esa fue la síntesis de mi relato.
El teniente de vez en cuando tomaba notas. Ya habían aparecido noticias en la televisión sobre incautación en combate con la guerrilla de fusiles AK–47 pero que s desconocía su procedencia. Al preguntarme sobre los AK–47 les manifesté que no podía asegurar que procedieran del caso que estaba relatando. Le manifesté que yo nunca me enteré de detalles de negociación de los peruanos con las FARC.
–¿Reconocería Usted los campamentos en donde estuvo? –Preguntó–.
–Sí –Le dije– Pero no desde el aire.
–¿Estaría usted dispuesto a ir con nosotros por río?
– Sería mi muerte tarde o temprano –Contesté– Pero eso sí puedo hacer.
–Si quiere, puede seguir sus rutinas y mantenernos informados de datos importantes para ubicar y capturar al Negro Acacio.
–Él es inteligente y una persona como yo no puede acceder a información vital para ellos. Ni su escolta sabe de sus movimientos futuros. Él mismo manifiesta que no confía en nadie. Hoy está aquí y a cualquier momento está a leguas de distancia –Dije–.
–Entonces si sabe algo especial ¿Me informa?
Pensé unos instantes

–¡Oh si claro!

Como nunca supe nada, talvez, por ello es que estoy en esta carcelaria situación.

Me preguntó sobre tráfico de coca en Barrancominas.

–Ustedes deben tener datos precisos sobre eso –Le dije pensando en los rutinarios vuelos de inteligencia electrónica sobre esa parte de Colombia–.

–Que me conste. No puedo afirmar nada al respecto. –Dije–

–Pero de Barrancominas salen vuelos con coca –Manifestó el teniente–.

–Eso dice la gente pero yo nunca he ido a la pista aérea cuando llegan aviones de procedencia desconocida, la guerrilla prohíbe el paso de personas[52].

–Los aviones llegan con armas –Sentenció el teniente–.

–Ustedes están más enterados que yo en ese aspecto ¿Acaso no tienen inteligencia humana y electrónica sobre esa área?

El teniente guardó silencio.

Marcos se levantó abordamos su vehículo y me dejaron en el centro de Villavicencio. Tengo entendido que él informó a sus superiores de esta entrevista. De cualquier manera nunca concretaron algo para que yo los acompañara a Barrancominas.

En Agosto de 2000, estalló el escándalo Internacional en Lima, el presidente del Perú, Fujimori y su Jefe de Inteligencia Vladimiro Montesinos dieron a conocer la ejecución del "Plan Siberia", fotos de los peruanos hermanos Aybar Cancho, Santos, Alberto y otros. A los pocos días llamé al teniente Marcos quien me dijo que yo tenía que viajar a Bogotá, a entrevistarme con los "Cacaos" de la Inteligencia de la Policía., donde me entrevisté con ellos en la Central de Inteligencia, en un salón con espejos y en una mesa con 8 personas de civil. Me sobresalté cuando el teniente Marcos me advirtió que no hablara nada de las armas de Jordania.

–¿Entonces para qué me necesitaban?.

–Tengo entendido –Dijo el de mayor jerarquía– Que usted tiene datos de utilidad para nosotros.

–Si señor –Le Respondí– Voy a contarles como me involucraron en el caso de las armas de Jordania. Hablaron entre ellos en voz baja. Marcos me sacó del recinto.

–No hable nada de las armas de Jordania –Repitió–.

–¿Entonces de que? –Pregunté–.

–A ud. le van a hacer un ofrecimiento.

Volvimos a entrar.

–¿Conoce a estas personas?–Dijo uno– mostrando unas fotos.

Yo no conocía a ninguno.

–¿Qué sabe del Negro Acacio? ¿Dónde se queda en Bogotá el Negro Acacio? ¿Dónde tiene sus cuentas el Negro Acacio?

–No sé –Respondía– Yo vengo aquí es a informarles y a aclarar como me involucraron en el caso de las armas de Jordania.

Finalmente, el de mayor jerarquía preguntó:

–¿Quiere trabajar para nosotros?

–No –Respondí–.

–Lo que pasa es que es negociante y quiere negociar bien su colaboración. –Dijo–.

–¿No es así? –preguntó–.

–No señor –Le dije– No soy negociante. No quiero trabajar con ustedes en otro tipo de información. No sirvo para eso.

Ahí terminó la reunión.

En una anterior charla con el teniente me había preguntado por coca y otros delitos. Yo le había manifestado que solo sabía lo de las armas de Jordania pero que no podía asegurar que los que llegaron al Vichada eran de la operación en que yo había estado en Ammán y que todo el mundo sabia que en Barrancominas había coca pero que a mí no me constaba nada, solo sabía lo que la mayoría de la gente decía. Me preguntó sobre los sitios de lanzamiento, yo le contesté que nunca estuve en el momento de los lanzamientos pero según comentarios que yo había escuchado señalaban a un sitio Arrecifal.

El teniente Marcos regresó conmigo a Villavicencio. No pronunció palabra en todo el viaje. Simplemente, detuvo el vehículo frente a las instalaciones de la Policía Meta y Llanos Orientales, abrió la puerta de mi lado y dijo:

–Nos vemos

–Hasta luego –Respondí– [53]

Tiempo después supe que a los pocos días fue desvinculado de Inteligencia y trasladado.

Varias semanas después fui a visitar a una hermana, en un barrio algo alejado del centro urbano en Villavicencio. Yo tenía un auto Nissan y en un momento por el retrovisor vi un campero oscuro detrás de mí como a 200 metros. Tomé una vía relativamente solitaria y larga. Antes de doblar en una esquina volví a ver al campero, pero esta vez algo más lejos. Me dirigí hacia un centro comercial, Villacentro, y el campero me seguía.

Unas veces más lejos otras más cerca pero siempre me tenía en su campo visual.

–¿Impresiones mías?

Decidí tomar la vía a Acacias. Aceleré, el campero también lo hizo. Disminuía la velocidad y el carro sospechoso también lo hacía. No podía seguir en ese tire y afloje. Me desvié rápidamente a una estación de gasolina entrando la ella a baja velocidad. El empleado de la estación me indicó con la mano que acercara más el vehículo al surtidor. Yo tenía otros planes. Por el retrovisor vi entrar el campero. Rápidamente aceleré entré a la vía principal a gran velocidad en sentido contrario al que había llegado. Apenas me pude dar cuenta que eran 3 hombres y una mujer los ocupantes. Evidentemente estaba siendo objeto de un seguimiento. Seguí mis actividades normales, como nada debía nada tenía que temer.

EN LA ZONA DE DISTENSION

En el año 2001, me arriesgué y viajé a la zona de distensión. Estaba sin trabajo y los pocos ahorros estaban terminando. Alguien me dijo que cerca de un caserío llamado la YE, estaba el campamento del Negro Acacio y por allí se encontraba también un peruano. Estuve varios meses, alojado en el caserío, esperando el dinero que los peruanos me debían. El Negro Acacio me recibió en su campamento. No me prometió nada, pero dijo, que me haría pagar algo.

Al poco tiempo Me dijo:

–Dicen que no les debe cobrar nada, porque no hizo nada.

–Señor. Yo estoy cobrando mi tiempo de estadía en Jordania, son casi 4 meses y además ellos me prometieron que me pagarían –Le manifesté–[54].

No contestó nada. Inmediatamente regresé al caserío

Allí volví a ver a un tipo llamado Hernán. Lo conocí en Barrancominas. Se alojó donde yo estaba en una residencia en la YE

–¿–Libardo, que hace aquí? –Preguntó–.

–Cobrando una deuda –Respondí, algo molesto porque esa clase de preguntas no las hace nadie en esos lugares–.

–¿De qué? –prosiguió–.

–Una deuda –Repuse–.

La vida diaria en la Ye era rutinaria. Las viviendas levantadas en madera: 40 casas, 3 restaurantes y 3 hospedajes. Ya no sabía que era peor, si regresar inmediatamente a mi casa o seguir un tiempo allí. La única distracción era conversar con unas muchachas jóvenes muy simpáticas y bonitas pero eran cuidadas por los novios milicianos y guerrilleros o sus familias. Ocasionalmente iba al campamento del Negro Acacio pero únicamente con autorización previa del mismo. Por lo visto a los peruanos nunca los vería en la Ye. Reconozco que soy terco, pero guardaba la esperanza que llegaran.

UN DIALOGO CON UN GUERRILLERO

En una de las ocasiones que fui al campamento del Negro Acacio, cuando yo esperaba todavía encontrar los escurridizos peruanos, vía a altos funcionarios del Estado Colombiano abrazar a miembros de la guerrilla, me encontraba en la entrada fuertemente vigilada por guerrilleros armados hasta los dientes, esperando la autorización para ingresar.

Un guerrillero de unos 25 años estaba al frente de los centinelas recogiendo la basura en una bolsa.

–Buenos días compañero –Saludó sin interrumpir su labor–.

Buenos días –Contesté y seguí escuchando noticias en un radiorreceptor pequeño–.

–¿Cómo le parece todo esto? Inquirió detenidamente mirándome

–¿Qué es todo esto? –Le pregunté a la vez–.

La guerrilla, la lucha por la conquista del poder –Respondió con viveza–.

En esas circunstancias uno tiene que escoger muy bien lo que dice.

Ah, me parece mejor la opción política...

Se le iluminó el rostro. Los guerrilleros son muy callados respecto a sus labores o actividades. Por otro lado las charlas sobre ese tema les encantan.

–OH compañero, Usted habla lo mismo que los burgueses ¿No recuerda Usted que hace tiempo creamos un movimiento político, La Unión Patriótica (UP) y fueron asesinados casi todos sus dirigentes, desde los candidatos presidenciales, senadores, representantes, concejales y diputados?

Pensé unos instantes la respuesta.

–Sí. Pero no creo que lanzando cilindros de gas llenos de explosivos, a las cabezas de unos policías en lugares remotos del país, sea la solución...

–¡Ah! –gritó– ¿Y qué me dice de los asesinatos de campesinos a quienes acusan de ser auxiliadores nuestros o de las desapariciones de gente de izquierda?

Me detuve unos segundos para continuar.

–Yo estoy de acuerdo con que la mayoría de los gobiernos han sido un fiasco y no solucionan los problemas de pobreza, desempleo y hambre de la mayoría, pero....

Trataba de arreglar o mitigar un poco mis primeras afirmaciones. Esperé su respuesta con un poco de incertidumbre.

Se quitó la gorra camuflada y se rascó la cabeza. Vestía un impecable uniforme camuflado de tela americana, por su apariencia.

–¿La mayoría? ¿No le parece que todos?

Permanecí callado porque era mejor no arriesgarme a y responder algo que no le gustara.

–Vea –Me dijo– Ahora los noticieros de televisión y todos los medios dominados por las oligarquías Liberales y Conservadoras propagan que somos narcotraficantes y terroristas, que hemos perdido la ideología. ¿Qué piensa Usted?

Hice un ademán de ignorar el tema

–Pues mire –Continuó sentándose sobre una piedra y rascándose una pierna– La fundación nuestra fue a principios de la década de los 60 y en esos tiempos no se hablaba sobre coca ni tráfico alguno y no nos llamaban terroristas sino bandoleros.

Me estaba comiendo la lengua para no responder que yo no había podido participar en las elecciones como candidato del Guainía para el Congreso por expresa prohibición de la guerrilla de hacer proselitismo en dicho Departamento.

–Vea –Le dije en tono conciliador– Lo que pasa es que los métodos empleados por Ustedes...

–¡Qué! –Interrumpió– La burguesía siempre trata de darnos lecciones sobre cómo hacer la revolución para triunfar y derrocarlos a ellos mismos, ¿Usted piensa como ellos? –Remató–.

–Nó, pero ¿Porqué los acusan de narcotraficantes?.

Se levantó. Pensó unos instantes...

–Mire, lo que hacemos nosotros es cobrar un impuesto en este negocio, lo que pasa es que a veces nos pagan con coca y tenemos que venderla... de todas maneras, por ejemplo, en zonas ganaderas terminamos involucrados en el negocio del ganado...

Se detuvo unos instantes.

–Al fin y al cabo los viciosos son los gringos, no por la existencia de un producto se garantiza su comercialización, la ley de la oferta y demanda

–¿No cree Usted?

–Pues yo...

—Vea —Prosiguió— Donde hay consumo hay producción y no al revés.
—Usted qué opina? Inquirió

—La guerrilla y narcotráfico aparecieron en Colombia hace apenas unas décadas y en Colombia ha existido pobreza, explotación y subdesarrollo desde hace siglos.

—¿No cree eso?

Tenía un acento costeño y me salvó la campana porque desde adentro de las garitas le dijeron que lo necesitaban adentro. Se levantó despidiéndose cortésmente:

—Hasta luego compañero. Espero volver a verlo, ya que tiene ideas un poco enredadas.

Yo sí estaba enredado pero no por mis ideas.

La Zona de Distensión fue creada al poco tiempo de posesionarse como Presidente, de Colombia Andrés Pastrana A. Era una zona de 42000 KM2 en la cual llevarían a cabo los Diálogos de Paz con el grupo guerrillero FARC. Toda autoridad armada, judicial y del Estado se retiró. El ingreso de las personas era controlado, en la periferia por las Fuerzas Armadas de Colombia, de ahí en adelante lo hacía la guerrilla con retenes donde revisaban los documentos de identificación. La primera vez que ingresé me demoré varios días. Pregunté a todo el mundo si sabía del paradero del peruano sin encontrar respuesta positiva motivo por el cual regresé a Villavicencio donde había dejado mi vehículo en consignación a cambio de un préstamo de dinero.

Al regresar a San Vicente del Caguán, pueblo de la zona, me alojé en un hotel pequeño y salí a tomar una cerveza en un bar vecino donde al poco tiempo me abordaron unos miembros de la Policía Cívica controlada por la guerrilla, armados solamente con un bolillo, quienes revisaron mis documentos de identificación.

—¿Qué hace aquí? —Preguntaron—.

No soy buscapleitos, pero talvez, debido a mi carácter un poco terco no me dejo intimidar fácilmente.

—Estoy adelantando asuntos personales —Respondí—.

—¿Cómo cuales?

—Señor —mirando al que parecía el comandante proseguí— Ya revisó mis documentos de identificación. No he cometido delito alguno ni ahora ni antes.

—Solamente queremos saber qué hace aquí.

—Ya le dije. Si he cometido alguna infracción, dígame cuál

—¿Dónde está hospedado?

–Aquí en el hotel contiguo.

–¿No quiere contar que lo trajo a San Vicente del Caguán? –Repitió–.

–Asuntos personales que no tengo por qué exponerlos a personas extrañas.

–Acompáñenos.

Estaba detenido. Me llevaron a unos calabozos, cerca al parque principal, donde otro Policía Cívico me interrogó:

–¿Quién es usted?

–Sus agentes ya revisaron mis documentos de identidad.

¿Qué hace aquí?

–Vengo a tratar asuntos personales

Luego de registrar mis datos en un libro me encerraron en un calabozo donde vi en la penumbra varias personas acostadas otras sentadas en el suelo. No había luz eléctrica.[55]

–Quédese aquí hasta que averigüemos algo.

–Bueno. Le dije y me senté en el suelo.

El calabozo era de 3 por 3 metros, aproximadamente, en el centro en el suelo se veía un hueco que servía de letrina. Eran las 10 de la noche. Como pude concilié el sueño. Al registrarme en la recepción del hotel dejé a guardar el dinero y tenía un recibo en el bolsillo. Al otro día a las 9 de mañana se asomó por las rejas quien al parecer era el jefe:

–¿A qué vino a la Zona de Distensión?

–Vengo a tratar asuntos personales.

Uno a uno los demás detenidos estaban saliendo libres desde las 8 de la mañana. Recordé que en el primer viaje había conocido a un taxista. Le pedí el favor, con propina adelantada, a un joven que salía libre para que se dirigiera a la casa de aquel para lo cual le entregué en un papel las señas de la residencia. No sabía la dirección o teléfono. Al menos él daría constancia que yo, anteriormente había estado allí y no tenía inconveniente alguno.

A las 11 de la mañana me dejaron libre. En la oficina del comando estaba el taxista hablando con los Policías Cívicos.

–Hola –Lo saludé– Gracias.

Devolvieron mis documentos de identidad. Afuera el taxista me comentó que sospechaban que yo era paramilitar y estaba haciendo inteligencia.

Parecía una obra de Ionesco, por un lado la guerrilla sospechaba que yo era paramilitar, por otro, tiempo después las autodefensas sospecharían que yo era guerrillero. Se necesitaría que yo tuviese dotes de de gran literato para que todo esto fuera producto de mi imaginación.

UN CURANDERO

A la Ye se llega por una carretera polvorienta y en mal estado, ahora la guerrilla la estaba arreglando. Existían varios retenes fijos donde revisaban los vehículos y documentos de identidad de los ocupantes. Yo había regresado porque me dijeron que el peruano estaba en esa región y decidí quedarme hasta encontrarlo. Tiempo después me di cuenta que se encontraba un peruano, pero no era el que yo buscaba. Los días eran calurosos y las casas se perdían de vista con la polvareda que levantaba cada vehículo que transitaba.

Un día llegó un personaje típico: El yerbatero, curandero, lector de naipes y brujo. Entablé diálogo con él. Al decirle que yo era escéptico en eso me dio una lección de metafísica, astrología y hasta dialéctica filosófica: (Resumiendo)

—"Vea patrón —me dijo— Ya vi que Usted es de los que como no encuentran una explicación de acuerdo a la ciencia, entonces, niegan la existencia de ciertos fenómenos paranormales —se detuvo a ver mi reacción— Por estos lados, por ejemplo, no cortan los árboles en luna creciente porque la madera se pudre rápido, ¿Sabe Por qué?. Porque la savia se encuentra en abundancia en el tronco por la atracción y entonces se pudre más rápido. Los científicos dicen que las mareas son debido a la luna. ¿Entonces qué?. Acepta que la luna ejerce influencia sobre el mar y los árboles, pero se escandalizan cuando decimos que la luna y los plantas influyen sobre el hombre. ¡No sabe Usted que nosotros estamos compuestos en su mayoría de agua, el cerebro tiene irrigación sanguínea y de alguna manera debe afectarlo la atracción de la luna? ¿O no? Estas yerbas, los médicos dicen que son charlatanería pero los químicos las procesan, hacen medicamentos de ellas. Las empacan en frascos elegantes y las venden mucho más caras...".

Le ofrecí una bebida para que mojara la lengua. En televisión estaban hablando sobre un reinado de belleza.

—"Mire por ejemplo los reinados, cada reina lleva una comitiva para que dizque la apoye con gritos y vivas...? No será que con eso su reina se vuelve más linda y simpática? ¡Nó! —Se respondió él mismo— Es para presionar al jurado haciéndole ver que son muchos y si no eligen a su candidata la cosa se podría complicar..."

Aquí lo interrumpí

—¿Usted no tiene problema con la guerrilla para venir por estos lados?

–Los muchachos –así le dicen algunos a la guerrilla– al principio se pusieron recelosos conmigo pero después me dejaron trabajar tranquilo.

–¿Sabe Usted sobre el karma? Le pregunté

–¡Claro!, ¿Por qué?

–Porque yo debo estar cumpliendo uno.

En ese momento pasó el transporte público que hacía el recorrido para la Macarena y se terminó la conversación porque el yerbatero abordó el vehículo.

Había mucho movimiento de vehículos y gente cerca de la Ye, en el campamento del Negro Acacio. Eran periodistas, embajadores, ex–ministros, asesores de presidencia, comisionados de paz. En una ocasión, según comentó la gente, pasó Tirofijo, máximo comandante de las FARC. Yo, solamente, vi pasar por el caserío 3 camionetas, con los vidrios levantados, a gran velocidad dejando una nube de polvo.

En otra ocasión el Mono Jojoy, alto comandante del grupo insurgente, llegó conduciendo el vehículo, se detuvo unos instantes mientras tomaba un refresco y con un ademán se despidió de los lugareños.

PERIODISTA DE AP

También me encontraba en la Ye cuando las FARC liberaron a soldados retenidos cerca al municipio de la Macarena en el Meta en el año 2001. Por esos días se incrementó el flujo de vehículos. Arribaron las principales cadena de televisión del país con sus antenas parabólicas y periodistas del todo el mundo. Fui a curiosear y para ello le pedí el favor a un señor– que iría con su familia en una vieja camioneta– que me llevara con ellos. Al llegar la muchedumbre superaba mis expectativas. La guerrilla estaba impecablemente vestida de camuflado. Rodeando el sitio había armas de largo alcance manejadas por varios guerrilleros. Parecían baterías antiaéreas.

Busqué refugio bajo una empalizada que sostenía unos tanques de agua ya que empezaban a caer gotas de lluvia.

A los pocos minutos llegó una chica joven, bonita, de tez blanca con aspecto de periodista quien también escapaba de la lluvia.

Por los parlantes continuaba una intervención de un comandante guerrillero.

La chica observaba atentamente lo que ocurría a su alrededor fijándose unos instantes en mí.

–¿Cómo le parece todo esto? –Dijo– esbozando una leve sonrisa con destellos de ironía.

–Me parece muy bien, ya que están volviendo a la libertad unos soldados.

–¿Bien? –Interrumpió– ¿Y todos los demás secuestrados?

–No sé. Al menos dejan hoy en libertad a más de 300.

–¿No le parece que la mayor solución a los conflictos son los diálogos y la política? –Dijo la periodista con vehemencia–.

No tenía grabadora, ni tampoco estaba tomando apuntes. Me pareció un poco injusto que se considerara a la guerrilla como los únicos practicantes de la guerra.

–La historia nos muestra que, desgraciadamente, los conflictos se solucionan en su mayoría con guerras, pocos se han resuelto pacíficamente. ¿Usted no recuerda las guerras mundiales? –Le contesté también con un poco de ironía–.

Iba a agregar que en esos momentos me importaba un rábano tomar una controversia sobre esos tópicos cuando ella interpeló con aire inquisitivo mirándome de arriba abajo.

–¿Quién es usted? ¿Un camarada?

–No señora, soy un ciudadano común y corriente. Además, a propósito ¿Quién es usted?

–Periodista –Dijo–.

–¿De donde, de que medio?

–AP –Respondió con la cabeza en alto saliendo del lugar sin despedirse ya que estaba amainando el aguacero–.

El terreno estaba dividido por cercas de alambre, la tribuna de madera, cubierta con tejas de zinc. En los extremos, sobre fuertes empalizadas, unas armas de largo alcance. Alguien dijo que eran armas antiaéreas. Se escuchaba música por los altoparlantes. El ambiente era festivo. Por los altavoces anunciaron el comienzo de la ceremonia. Guerrilleros y embajadores pronunciaron discursos. Finalmente entregaron varios cientos de militares que la guerrilla tenía en su poder. Regresamos inmediatamente a la Ye. Las imágenes de la ceremonia le dieron la vuelta al mundo.

El tiempo pasaba y el dinero que había llevado se había agotado hacía mucho tiempo. En el sitio donde me alojaba, en las horas de la noche los dueños prendieron un pequeño generador eléctrico con el cual funcionaba un receptor de televisión. Una antena parabólica de SKY permitía sintonizar canales extranjeros. Un día estábamos desayunando varios huéspedes cerca de unas personas, recién llegadas al caserío, con aspecto de periodistas. Estos al ver el televisor pidieron lo encendieran para ver las noticias de CNN. La dueña puso a funcionar el generador y prendió el televisor. Con el control manual buscó CNN en Español. Apareció en la pantalla la imagen de dos rascacielos y uno de ellos con un penacho de humo, el narrador estaba dando a conocer lo sucedido, en vivo. Todos estábamos en silencio observando la pantalla, cuando otro avión se acercó rápidamente a las torres gemelas. No salíamos del asombro al ver en vivo y en directo esa tragedia. El desplome de las torres aumentó el estupor de todos ante las dantescas escenas. Parecía mentira. Fuimos testigo de un hito fatal que cambiaría el curso de la historia mundial y con ello, naturalmente, las acciones políticas, sociales, económicas y militares de la mayoría de las principales naciones.

A los pocos días solicité entrevista con el comandante guerrillero que estuviera en el momento. Decidí tocar otras puertas para averiguar de una vez por todas si los peruanos que me habían contratado tenían planes de visitar la Zona de Distensión. Pasados dos días un guerrillero fue a buscarme al caserío:

–Lo necesitan.

No le pregunté quien. Es perder el tiempo.

Al llegar al campamento no me sorprendió que fuera el mismo Negro Acacio quien me recibió

–¿Qué quiere ahora?

Yo estaba decidido a plantearle de frente la situación:

–Vea señor, Yo sé que está molesto por mi insistencia pero comprenda mi punto de vista. Yo estoy de acuerdo que si ustedes no me contrataron no me deben ningún dinero, correcto yo nunca les he cobrado a ustedes, pero también debe ser consciente y reconocer que yo tengo razón al pedir un pago a los peruanos por mi tiempo en Jordania. Yo no estaba allí por gusto. Fui contratado por El general para cumplir unas funciones en unos planes de esos señores. Ahora, si yo hubiese tenido parte en la organización, ahí si yo sería algo como socio; pero yo era un empleado simplemente. No estoy cobrando por la comisión de un trabajo delictuoso, porque no lo efectué. Ahora, explíqueme esto: ¿Porqué los pilotos siempre tenían otras instrucciones diferente a las que me habían dado a mí?. Creo que para los planes, que yo ignoro, tenían, les hubiera servido mejor otra persona con otras características diferentes a las mías –Le manifesté–.

Lo anterior lo dije con énfasis pero y fui claro y conciso. Terminé con mi reclamo recordándole la costumbre que tiene la guerrilla de obligar a las personas a pagar las deudas en territorios de su influencia.

Desde niño yo ya había advertido que todas las personas tienen diferentes personalidades caracteres y maneras de obrar diferentes. No somos iguales en los comportamientos. Es decir que nuestra actitud o comportamiento no puede servir de parámetros para juzgar el del prójimo. El mío para bien o para mal es así.

El Negro Acacio se levantó en silencio, se rascó la cabeza, meditabundo y tras un lapso corto de tiempo tomó asiento.

—Mire, yo no confío en nadie, ni en mi abuela. Pero podría solucionarle algo ¿Cuánto debe en el restaurante de alojamiento y comida?

Con el dinero que había llevado de Villavicencio la última vez que fui había cancelado lo que debía y me alcanzó para otro tiempo. Le dije la cantidad.

—Yo le doy para que pague eso y le quede para llegar hasta su casa ¿De acuerdo?.

—Sí señor.

Mandó llamar a un guerrillero quien trajo una bolsa. Sacó unos fajos de billetes. Contó la cantidad y me la entregó.

—Gracias —Le dije—

—Espero se vaya hoy mismo.

Fue lo último que manifestó. Me despedí y regresé a la Ye.

Al llegar al restaurante estaba Hernán, muy chismoso como siempre, al ver la bolsa mostró interés por saber que contenía. Aunque era pequeña, yo no llevaba otra cosa en las manos y él estaba en la puerta cuando yo llegué caminando por la carretera

—¿Qué, está platudo? —Dijo contemplando la bolsa—.

—Sí —Le contesté—.

—¿Cuánto? ¿Cuánto?— Preguntó con los ojos bien abiertos.

Nunca me gustó esa actitud de él. Para aumentar su morbosa curiosidad le dije una cantidad de miles, que hoy, al escribir esto no recuerdo sinceramente.

—¿Qué? ¿Dólares? —Preguntó ansioso—.

—Sí —Le respondí para incitar su envidia—.

En realidad eran billetes colombianos. Cancelé mi deuda en el hotel. Empaqué mi maleta y salí a esperar el primer transporte que pasara para San Vicente del Caguán. El tal Hernán, "muy intenso", como dicen ahora los jóvenes, siguió su cantaleta:

—Qué ¿Se va? ¿Para San Vicente? ¿Para Bogotá?

—¿Sabe quien está muy platudo? —Inquirió Hernán—.

—No respondí nada. Este Hernán, en realidad, era muy charlatán

– Pues el flaco y otro amigo están vendiendo armas por cantidades
¿No lo sabía? Prosiguió Hernán.

–No –Respondí para dar por terminada la charla–.

– Pues la semana pasada salieron con talegos con dólares– Dijo

– ¿Y como lo sabe?– Le repliqué.

–Ya ve– dijo.

Abordé un campero para San Vicente del Caguán alojándome en el
mismo hotel que ocupé cuando la Policía Cívica me encerró en el calabozo. Al otro día estaba en compañía de una amiga que había conocido en
días pasados quien me acompañaría hasta Villavicencio porque deseaba
conocer ésta ciudad. Nos encaminamos a tomar la flota para Neiva cuando
apareció "el saco de plomo" Hernán quien me dijo:

–Hola ¿Consiguió novia?

–Sí –Le respondí– ¿Quiere que le consiga una?

– No, gracias –dijo mirando de reojo las piernas de mi amiga–.

Finalmente nos despedimos.

Después de dos días de viaje estábamos en Villavicencio. Pagué el
préstamo y me devolvieron el auto.

En Noviembre de 2001 alguien me comunicó que existía la posibilidad
que me pagaran, al menos, la mitad (US 60000) pero tendría que viajar a
otro país. Renació un poco la esperanza de reunir el dinero para cumplir
mis proyectos de establecerme lejos de Colombia. Días más tarde, hice
unos contactos para verificar la veracidad de la información, desechan-
do la idea ya que era, según tenía entendido, Río de Janeiro y no logré
tener confirmación fiable sobre a quien tendría que buscar. Sin embargo
me hice aplicar la vacuna contra la fiebre amarilla y tenía una reservación
en Varig desde Bogotá.

En Enero de 2002 recibí una llamada en mi celular.

Había iniciado trámites para obtener la visa de USA ya que pensaba
viajar a un país lejano y el tener dicha visa abre puertas para otros países. Tenía un pasaporte nuevo ya que el que utilicé para viajar a Jordania
no me pareció prudente exhibirlo a todo el mundo.

–¿Podría venir a la Embajada de Estados Unidos?

Toda una película pasó por mi mente.

–Sí, ¿Cuándo?

–¿Mañana puede?

–Claro.

Lo esperamos– Mi nombre es John– El número de mi extensión es xxxx

Muy de madrugada salí para Bogotá. Aproximadamente a las 10 de la mañana estaba en la Embajada. Ya había tenido que mostrar entereza en Jordania, Perú, y por último con la guerrilla. Por lo visto también me tocaba ante los estadounidenses.[56] Allí transcurrió el siguiente diálogo:

—¿Para qué necesita visa?

— Para viajar a otro continente. He averiguado que las cosas se facilitan, por esos países, con la visa de Ustedes—

—¿Cuántos países conoce?

—Varios, aunque realmente he viajado poco.

—¿Cuáles?

—Dije la lista que recordé en ese momento.

—¿Dónde está el pasaporte con el cual viajó la última vez?

—Lo tengo extraviado. Pero si quieren lo busco.

—Sería excelente.

—¿Nos puede contar a qué países viajó últimamente?

—Claro.

Seguidamente les narré, a grandes rasgos, parte del contenido de éste libro. Estaba en una oficina relativamente pequeña junto con varios funcionarios. Uno de ellos tomaba nota rápidamente de todo. Seguidamente, John me preguntó:

—¿Sabe algo más?

—¿Cómo qué?

—Formas de pago

—No señor. Nunca supe nada más. Nunca vi ni me enteré de las negociaciones.

—¿Alguien más sabe esto?—

—Sí. Hace mucho tiempo le conté a un teniente de Inteligencia de la Policía Nacional.

—¿Cómo se llama?

—Marcos.

—¿Usted ha transportado coca?

—No señor, pero en honor a la verdad una vez intenté ganar dinero con eso, nunca se dio, pero no tengo en realidad disposición para hacerlo, además es un círculo muy cerrado y peligroso, no quiero empezar una carrera delictiva a estas alturas de mi vida.

—¿Puede entonces buscar el pasaporte anterior?

—Lo haré.

Así terminó la reunión. Regresé a Villavicencio ese mismo día. Me sentía un poco mal. No sé si de haber sabido más cosas las hubiese dicho. Aunque ahí sí tendría motivos para preocuparme. Me alegré de no saber nada más. No me parece futuro halagüeño andar el resto de mi vida escondiéndome de alguien y mucho menos de organizaciones poderosas, aún con otra identidad y en otras latitudes. El pasaporte lo tenía escondido. Al principio pensé destruirlo, con un poco más de reflexión, decidí conservarlo. Me podría salvar de posteriores incriminaciones.

Creo que de no haberme acercado a la Embajada a solicitar visa, otro hubiese sido mi destino. Talvez con esta maniobra desbaraté planes que se tejían en mi contra siendo víctima de incriminaciones y acusaciones acomodadas para que Estados Unidos me pidiese en extradición, aunque esa no fue mi intención.

Me desplacé para Bogotá, otra vez, a entregar el pasaporte. Tenían varias preguntas para mí:

—¿Estuvo en la Zona de Distensión?

—Sí.

—¿En qué parte?— y extendió un mapa de navegación aérea.

—En un sitio llamado la Ye. Es a mitad de camino entre San Vicente del Caguán y la Macarena —Contesté—

Ese mapa no tenía señalización de la carretera ni de los caseríos. Volvieron a insistir sobre más detalles. Yo Sinceramente no sé nada más. A lo sumo lo que dice la gente cuya veracidad es de dudosa credibilidad. A mediados de Mayo me llamaron nuevamente y me plantearon algo que sí me alarmó.

—Vea ¿Sabe las coordenadas de la Ye?

—No señor, pero se pueden calcular con poco error con mapas del Agustín Codazzi. Y señalé los mapas.

—Si lo llevamos en un avión ¿Usted nos puede señalar la Ye?

Aquí todas mis alarmas se prendieron.

—¿Cómo?

La Zona de Distensión indudablemente fue vigilada por inteligencia humana y electrónica ¿Sería para ver qué decía? Varios meses antes, el presidente de Colombia por televisión y había anunciado el fin del proceso de paz y la ocupación de la Zona de Distensión por las Fuerzas Armadas de Colombia.

—Claro —Respondí—.

—Venga la otra semana.

Ese día abordé un Gran Caravan, avión Cessna repleto de inteligencia electrónica, dos pilotos y dos técnicos. Todos de fisonomía americana.

Yo estaba convencido que me preguntarían otras cosas. No fue así. El avión despegó y tomó rumbo al sur. Los pilotos en su labor y los técnicos inclinados ante multitud de aparatos de tecnología de punta. Yo sentado en la parte trasera viendo el terreno por una ventanilla junto a la puerta. Llegamos a los Llanos Orientales volando sobre la población de la Macarena a 5000 pies, según mis cálculos. Nadie hablaba. Ya cerca de la Ye un técnico levantó su mirada hacia mí. Él estaba ante una pantalla la cual presentaba a color el terreno que sobrevolaba el avión. Observé por la ventanilla perfectamente la YE. Estábamos a 3.000 pies sobre el terreno.

–Ésa es la Ye –Dije mostrándola con el dedo–.

Miró por la ventanilla, oprimió unos botones y trajo su imagen a la pantalla. El avión dio dos amplios círculos sobre la Ye[57]. De los pilotos solo veía sus cabezas ya que estaban ocultos detrás de muchos instrumentos. No podía ver la aviónica del avión, las pantallas de los técnicos mostraban con gran claridad detalles del suelo. Nadie habló. Luego puso rumbo hacia el noroeste y empezó a ganar altitud. Pensé que sería bombardeado con preguntas. Hasta ahora no conocía la voz de ellos. Nada. Si llegaba a conocimiento de la guerrilla este suceso mi futuro sería incierto. Me tranquilizó pensar que yo no sabía nada más. Solamente información que tenían todos los lugareños. Los campamentos y su ubicación eran vox populi.

Tal vez, en realidad no conocían la ubicación del caserío La Ye y no figura en mapas.

–¿Y si de pronto era derribado?

Inmediatamente sería acusado, si sobrevivía, de agente gringo y ejecutado.

Y cuando intenté ganarme unos pesos, también en aviación, legalmente, había caído en una especie de complot internacional.

Estando a gran altitud, según calculé por el intenso frío, perdí toda la noción del rumbo porque el avión estaba entre nubes. Creo que llegamos hasta la represa de Chivor porque al descender y despejarse el cielo estábamos en descenso hacia Bogotá, muy al norte aproximadamente en la represa del Sisga. Ya estaba un poco más tranquilo. Aterrizamos en Bogotá. Al despedirme, por fin oí la voz de uno de ellos:

–Adiós –Me dijo–.

Creo que dada esta experiencia vivida por mí y los posteriores acontecimientos confirman una conclusión a la que he llegado. Que el Estado lo mismo que con algunas mujeres la mejor manera para que se sientan engañados es decirles la verdad.

Este vuelo significó para mí contradictorias emociones. Como aviador estaba feliz, como ser humano estaba asustado.

Confieso que desde el principio, los estadounidenses me presentaron opciones de viaje al exterior, cambio de identidad para que delatara acciones delictivas de la guerrilla, sobre todo en el campo de narcotráfico. Afortunada o desgraciadamente para mí, no tengo conocimientos al respecto. De ahí en adelante me dediqué a organizar mis asuntos personales que tenía abandonados. De la visa no supe nada más. Lo único relevante fue que entre Diciembre de 2001 y Julio de 2002, sistemáticamente se me perdieron 6 celulares. En Junio se me perdieron las licencias de piloto, navegación fluvial y conducción y la cédula de ciudadanía.

Para que expidieran el duplicado de la licencia de Piloto necesitaba tener vigente mi certificado médico. Presenté los exámenes: electrocardiograma, encefalograma, sangre y demás. También el certificado de carencia de informes de narcotráfico en una oficina del Estado. Todas las anteriores diligencias las estaba realizando en los meses de Julio y Agosto de 2002.

Si ya por esas calendas estaba siendo objeto de seguimientos por parte de organismos de seguridad no comprendo porqué no me llamaron. Creo que no era necesario todo ese despliegue de Fuerza militar para detener a alguien que estaba visitando oficinas estatales, a la luz del día. El Estado se habría ahorrado dinero.

Unas pocas semanas antes de mi captura, entré a un almacén, en Villavicencio, a comprar un colchón. Vi varios modelos pero ninguno cumplía con las dimensiones.

—No importa, paga anticipadamente, le hacemos uno a la medida requerida, se lo entregamos en 3 días —Dijo la dependiente—.

Cancelé su valor A los 3 días llamé desde mi casa y me informaron que podía ir a recogerlo. En el almacén recibí el colchón, debidamente atado. Lo dejé ahí y salí a buscar un taxi.

Al caminar unos metros vi que el Ejército acordonaba la zona. Militares en las esquinas estaban desviando el tráfico. Y hombres fuertemente armados recorrían las calles. Encontré cerca un taxi y le dije que se arrimara al andén y me esperara unos minutos. Regresé al almacén y cogí el colchón. En ese momento entró un militar de camuflado con arma en el brazo, casco Kevlar y sobre éste gafas. Se detuvo y me observó a mí primero y luego al colchón. Yo seguí caminando y salí a abordar el taxi. Nunca pasó por mi mente, en ese momento, que ese despliegue de fuerza pública, talvez, sería para mí.

—¿Estarían un poco confundidos por el colchón?

Días más tarde, el jueves 8 de Agosto de 2002, recibí la llamada relatada en las primeras líneas de éste libro.

LA INDAGATORIA

En la indagatoria el 20 de agosto de 2002, 3 días después de mi captura, me di cuenta que la Fiscalía estaba esperando que yo negara muchos hechos evidentes como mi estadía en Jordania.

Acompañado de un fuerte dispositivo de seguridad llegué a las oficinas de la Fiscalía General de la Nación.

En una pequeña oficina estaba el fiscal encargado de mi caso y una secretaria.

Me hicieron sentar después de los saludos de rigor.

La descripción de mis rasgos fisonómicos dictada por el Fiscal de conocimiento mientras me observaba detenidamente en forma minuciosa y pormenorizada, parecía salida de un cirujano plástico en su consultorio, en inventario de defectos físicos a corregir. Nunca imaginé que tuviese tantos.

–¿Cuántos países conoce Usted? –Preguntó después de las formalidades jurídicas y fisonómicas–.

Conocer, lo que se dice conocer, talvez solo Colombia. Haber estado o pisado sus territorios, era distinto. Pensé contestarle esto, pero mejor me abstuve ya que alargaría más las jornadas de preguntas y contra preguntas.

Aparte de Brasil, Venezuela y Panamá le enumeré los países que yo había tocado en esa truculenta operación: Perú, Aruba, Holanda, Jordania, Líbano, Argelia, Senegal, Trinidad y Tobago

–¿Con motivo de qué los visitó?

Al fin podía yo volver a narrar, una vez más a otro funcionario del Estado como me involucraron en este caso. De lo que fui testigo. Nada más.

En una ocasión el Fiscal salió de su oficina y conversó con varios agentes de inteligencia quienes eran mis custodios y esperaban afuera, uno ellos me aseguró que mi localización y captura se debió a una larga y dispendiosa labor de sesudos análisis de inteligencia:

Como un peruano había manifestado que el "pata Libardo" tenía acento venezolano, eso les había llevado a una investigación de todos los pilotos venezolanos de nombre Libardo, según me comentó un miembro de un organismo de seguridad del Estado. Llegaron luego a la "astuta conclusión", según ellos, que tenía que ser un piloto de avión colombiano de los Llanos Orientales. Yo no tengo, muy a pesar mío, ese acento.

Un familiar mío se encontraba también en la sala de espera y escuchó perfectamente cuando un agente le dijo al otro después que el Fiscal regresó a la diligencia:

—¡El HP contó todo! Se nos puede ir.

Esta indagatoria duró varios días.

Pasadas varias semanas llegaron fiscales, procuradores y jueces de Perú a investigar y hacerme unas preguntas. Les dije lo mismo que está consignado en este relato.

También llegaron un fiscal de Estados Unidos y varios agentes del FBI y la CIA. Les manifesté lo mismo que ya había dicho al Fiscal colombiano. Se despidieron manifestando en presencia del Fiscal de conocimiento que no tenían nada contra mí.

En resumen, después de varios cambios de fiscales colombianos en mi proceso, finalmente el último dictó la resolución de acusación en mi contra. No creo prudente referirme a ella, refleja más los recónditos deseos de los investigadores que un frío examen de los indicios y pruebas.

Los pormenores de las cárceles prefiero olvidarlos.

Solamente añadiría que cuando fui detenido he sufrido en carne propia el hacinamiento en las cárceles. Aumenta día a día, He visto detenidos que entran un día y salen libres a las pocas semanas para volver a ser encarcelados por nuevos delitos repitiendo el ciclo varias veces en un año. La mayoría son adictos a las drogas a quienes les encontraron varios gramos de sustancias, coca o marihuana. No sé si esa sea la intención pero un solo individuo representa, para las entidades judiciales y de policía hasta 3, 4 ó 5 capturas o positivos al año. El número de capturas, procesos y presos es un índice de gestión que se refleja en las estadísticas. La drogadicción, que es el origen de muchos delitos antes que tratamiento carcelario requiere procedimientos sicológicos y médicos.

Los que cometen delitos diariamente contra los ciudadanos como robos, atracos, venta al menudeo de droga, no es muy difícil su excarcelación. Para los acusados de delitos contra el Estado se les pone toda clase de trabas, obstáculos judiciales y de interpretación de leyes para impedirles su libertad.

En los calabozos del DAS, donde permanecí 6 meses con 2 horas diarias de sol, sin posibilidad de estudiar o trabajar para una posible rebaja de condena, había un preso quien leía la Biblia en grupo. Yo no soy practicante fervoroso pero tampoco un ateo. Tengo unas convicciones sobre el tema espiritual que no discuto con nadie.

No domino os temas de la Biblia pero si la leo ocasionalmente. Jesús es un mensajero del Amor. Creo que el mudo estaría muchísimo mejor si practicara sus enseñanzas.

Fui invitado a una sesión en las horas de la noche. De verdad es un acto respetuoso y solemne con recogimiento espiritual. En un pasillo limpio y reluciente, nos sentamos en el suelo.

Leyeron unos pasajes sobre David y comentaron sobre él. Yo estaba meditando sobre mi situación. Como no estaba poniendo mucha atención pregunté:

—¿Ese David es el mismo que mandó a un general suyo al frente de la guerra para poder acostarse con la mujer de él?

El pastor tosió un poco. Se aclaró la garganta y respondió:

—Sí, es el mismo.

De ahí en adelante nadie insistió en que yo asistiera a las reuniones. Confieso que lo hice sin mala intención.

La religión es, afortunadamente, un consuelo y refugio espiritual para muchos detenidos.

Río Guaviare, Colombia, 1992. Viajando por el afluente del río Orinoco, en funciones propias de mis labores educativas.

Caño Bocón, Afluente del Río Inírida en el Guainía, Colombia. Al fondo un caserío indígena. En invierno las aguas llegan hasta los pilotes de los ranchos.

En un vuelo de entrenamiento listo a cruzar la Cordillera de los Andes en un avión PA28, en 1994, por el NDB EPO, El Paso. A la derecha mi instructor de vuelo, excoronel de la Fuerza Aérea Colombiana, quien había sido el piloto del C-47 que me llevó a Villavicencio cuando estaba yo prestando servicio militar en las selvas del Vichada.

El IL-76, avión ruso de transporte militar de medio alcance.
Producido por Ilyushin Aviation Complex Joint Stock
Company en Moscú. Máximo peso de despegue 170 toneladas y 47 toneladas como máximo de carga. Tiene una autonomía de 6.100 Kilómetros con 20 toneladas de carga y
de 3.000 Kms con 47 toneladas. Aterriza en 800 metros
aproximadamente. Ammán Febrero 1999.

Cabina de mando del IL-76, al poco tiempo de despegar de
Ammán, Febrero 1999. Posteriormente esta operación fue
abortada por mí en Trinidad y Tobago.
Los pilotos rusos tenían instrucciones de llegar a Iquitos,
Perú, sin ninguna operación intermedia.

La misma operación. Maniobras antes de aterrizar en Argelia, Africa, en una pista Internacional en pleno desierto del Sahara. Al fondo,
las dunas de arena.

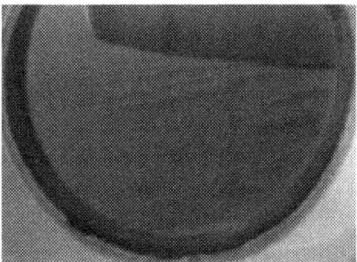

Camilo, el autor, Mario, Santos y Alberto. No recuerdo si es el mismo avión de la operación devuelta de Trinidad y Tobago.

Ammán, Jordania, Febrero de1999, Aeropuerto Internacional Alia. El autor con el peruano Santos.

Ammán, febrero de 1999. Santos, un empleado del hotel Holiday Center y Alberto. Los servicios de Inteligencia colombianos aseguraron que era un guerrillero de las FARC

Ammán, Febrero 1999. El autor con Santos y Alberto.

Foto tomada en un centro comercial para turistas, incautada en mi residencia en Villavicencio, Colombia y presentada a los medios periodísticos como «prueba reina» de mi culpabilidad. Estoy con Camilo. Esta foto le dio la vuelta al mundo. Diciembre 1998. Ammán.

PIES DE PAGINA

[1] La Fiscalía afirma que «siempre se cuidó de revelar su verdadera identidad».

[2] Capital del Departamento del Guainía en Colombia

[3] Caserío, en el Guainía levantado por mineros del interior de Colombia y extranjeros.

[4] Nombre cambiado de agente estadounidense.

[5] Departamento Administrativo de Seguridad

[6] Mi madre falleció el 9 de Junio de 2004, cuando me encontraba privado de la libertad en el Centro Carcelario de Villavicencio (Meta).

[7] El 20 de Mayo de 2004, en mi audiencia pública, un teniente ® de la Policía Colombiana rindió declaración ante el Juzgado II del Circuito Especializado de Villavicencio, corroborando esta afirmación.

[8] Aquí trato de mostrar el porqué de mi vinculación a las regiones selváticas del Guainía, Vaupés y Vichada.

[9] Vereda de Villavicencio donde están localizadas instituciones militares, Fuerza Aérea Colombiana y el Batallón Serviez del Ejército.

[10] Por tener Cédula Militar, la Fiscalía afirma que fui funcionario militar.

[11] Mis héroes eran Julio Verne, Enrico Fermi y Luis de Broglié. Hoy, lo confieso, mi admiración oscila entre Carl Sagan, Sir Walter Raleigh y Hugh Hefner.

[12] Mitú, capital del departamento del Vaupés, significa Pajuil (Ave parecida al pavo real, canta de noche), término de la lengua indígena brasilera (Yeral).

[13] Campaña de instrucción Nacional.

[14] Ministerio de Educación Nacional.

[15] En Brasil la llaman Surucucú.

[16] Nombre dado por los evangelizadores a un caserío indígena a orillas del río Papurí.

[17] Tabaco para mascar.

[18] En Jordania el señor Sarkis, quien pagaba las cuentas del hotel, me llamaba «Mr Cocacola». Me insinuó que no tomara muchas ya que cada una valía 3 dinares (5 dólares).

[19] Nombre cambiado

[21] Instituto Colombiano para el Fomento de la Educación Superior.

[22] En Febrero de 1999 llegaron a Ammán los peruanos Santos y Alberto. Jamás los había visto antes ni conocido su existencia.

[23] En ese momento yo ignoraba que la operación sería de noche. En este caso es imposible guiarse visualmente por la topografía.

[24] Producto Interno Bruto (1999).

[25] En las audiencias públicas en mi proceso judicial en Colombia en el 2004 el fiscal del caso alegó la falta de visa de trabajo para Jordania. Algo que todavía no entiendo en su intención.

[26] Esta tarjeta sirvió para que el DAS (Departamento Administrativo de Seguridad) asegurara, en oficio a la Fiscalía 22, que esa persona era parte de la organización de traficante de armas.

[27] La Fiscal delegada de Bogotá manifestó en una providencia: "Siempre ocultó su verdadera identidad en Jordania".

[28] Hoy Libaneses

[29] La hospitalidad árabe es proverbial. Para alguien que no conozca su cultura y tenga sus ideas preconcebidas esto sería una "prueba" que yo estaba actuando como representante o supervisor.

[30] Este diccionario fue incautado en allanamiento a mi lugar de residencia en Villavicencio por el DAS y en su informe a la Fiscalía de conocimiento afirma que con dicho diccionario aprendí el idioma Árabe para negociar las armas.

[31] Es la foto de la portada de éste libro.

[32] El DAS lo incautó como prueba procesal.

[33] Soy un convencido que todas las religiones del mundo han cumplido una gran labor desde sus comienzos, moderando las costumbres de pueblos con normas moralizadoras y de respeto al prójimo y a la vida. Pero también discrepo de personas que se autoproclaman poseedores de la verdad dogmática y excomulgan a quienes con sana crítica analizan ciertos sucesos Es un derecho inherente al ser humano profesar o no una religión. Nadie puede considerarse dueño de ese derecho estableciendo rígidos criterios o prohibiéndolo. Yo, por ejemplo, creo que Dios no necesita de fuegos artificiales para demostrar su divinidad. La sola existencia de la maravillosa creación lo demuestra. Por ejemplo, cuando nació Jesús, pienso que posteriormente los apóstoles exageraron un poco, muy humano, al decir que ángeles bajaron del cielo y en medio de luces les avisaron a pastores la buena nueva, o cuando la crucifixión, al morir Jesús el cielo se oscureció, la tierra tembló y las cortinas del templo de Jerusalén se rasgaron.

[34] Con todos esos centuriones y gente como testigos otra hubiese sido la suerte de varios apóstoles martirizados posteriormente. Pero en la

evangelización era necesario establecer que el Dios del Cristianismo era superior a otros falsos dioses. Digo esto y no por ello dejo de creer en Jesús, hijo de Dios. En el mundo pueden coexistir diferentes opiniones ya sean estas religiosas o políticas. Detesto toda ideología que su meta final sea dominar a las personas por cualquier medio, menos el de la razón, el amor o el bien común. Creo que muchos dogmas, en varias religiones, sus directrices o interpretaciones reflejan más intereses de este mundo terrenal que del espiritual.

[35] Estas palabras dieron origen a numerosas especulaciones de los organismos de seguridad y medios de comunicación. Se llegó a decir que yo era "el hombre de confianza" de Sarkis.

[36] Este documento lo anexé al expediente de mi proceso judicial y, a pesar que estaba en mi maletín de vuelo en mi casa no lo incautaron en el allanamiento pero sí lo fue un vestido árabe, presentado como prueba en mi contra.

[37] Aunque anotadas en mi cuaderno incautado, no me preguntaron sobre ellos, pero sí les interesó la actriz de cine porno.

[38] Era la primera vez que los veía y jamás había oído hablar de ellos con anterioridad. Sin embargo, LA Fiscalía 22 me ubica, sin que en el expediente alguien lo manifieste, el 14 de Febrero de 1999 en Lima (Perú), en una reunión con más personas, incluidos ellos. Eso es abiertamente falso y no existe evidencia procesal, aparte de la imaginación y deseo de la citada entidad judicial de presentar argumentos en mi contra.

[39] Es falso que, al subirme al avión, le indiqué al piloto la ruta, como dice una publicación. El plan de vuelo debe ser presentado por el piloto una hora antes del despegue, a la torre de control.

[40] En la noche de mi captura, durante el "interrogatorio informal", estaban intrigados sobre unos apuntes, para estos escritos, en un cuaderno mío que decía: Tiburones, jaulas, cámaras.

[41] La conclusión "lógica", según mis acusadores era que como yo tuve la capacidad de devolver el avión entonces yo lo había contratado. Sencillo.

[42] Luego de mi detención fui presentado por los noticieros de televisión como "enlace de Montesinos en Colombia". Nunca escuché nada de ese señor, ni jamás hablé con él.

[43] Por todo lo anterior la Fiscalía deduce rápidamente que yo debo estar mintiendo. Por ello digo que todavía muchos bailan al ritmo de la música compuesta por los organizadores de ésta operación.

[44] Varios meses después supe que había muerto en combate con el Ejército.

[45] Servicio de atención Inmediata.

[46] El resultado final fue un video titulado "Guainía Tierra de Promisión".

[47] Por satélite se detectan electromagnéticamente conversaciones radiales de muy baja potencia a nivel del suelo.

[48] Este guerrillero está protegido en USA y en declaraciones a la Fiscalía Colombiana, acompañado por un señor del DAS– el mismo que acusa a mi primo Estanislao de Enlace ruso en Perú"– habla como. experto aeronáutico en lo que se refiere a mi caso. Es una muestra de los rápidos conocimientos que adquieren algunos de los que se acogen a beneficios judiciales por delación. Un botón de muestra: Palomo me acusa que fui a Perú a traer unos localizadores (¿?) para encontrar las cajas grandes al extremo de paracaídas de colores llamativos colgados de las ramas de los árboles. Sin comentarios.

[49] La revista SEMANA No 1062 de Septiembre 2002, publicó mi testimonio en forma resumida.

[50] Aproximadamente a finales de 1997, este conocido me presentó una persona en un sitio muy concurrido de Villavicencio (Los Alpes–La Grama) con quien entablamos el siguiente diálogo:

–¿Usted es piloto? –Me preguntó–.

–Sí

–¿Estaría interesado en un trabajo para nosotros? –Inquirió–

–¿Volando un avión?

–Sí –Dijo.

Tomó un sorbo de cerveza y seguidamente añadió:

–Tenemos un avión en el Llano y debemos trasladarlo a otra parte

–¿Vacío?

–Sí

–¿Y el piloto que lo llevó a esa parte no puede hacerles el trabajo?

–Tenemos el avión hace un tiempo y el piloto se fue

Un avión desconocido en condiciones mecánicas inciertas no era precisamente un aliciente para tomar el trabajo aunque manifestara que no era para trasladar alguna carga ilegal.

–No. Gracias, no me interesa aunque necesito dinero –Dije–

Les comenté los riesgos de la operación en un avión sin mantenimiento técnico reciente. A esto habría que agregar que era necesario cruzar la cordillera de los Andes para dejarlo cerca de Girardot como me habían comentado.

–Vea. Le ofrecemos $10.000.000

—Bueno —Le contesté— Pero antes de viajar tienen que decirme que tipo de avión es

—Vea —Repuso— Lo que pasa es que tenemos el avión como incautado por la guerrilla porque nos cobran un impuesto

—¿Y? —Aduje— ¿Porqué no pagan?

—Queríamos saber si Usted conoce a alguien para que nos ayude y nos dejen sacarlo sin pagar.

Esto se estaba enredando. Decidí rechazar la oferta.

—No, no quiero participar en nada de este asunto.

Nunca más volví a verlo, ni sabía quien era, ni me interesa saberlo. Pero tenía altas posibilidades de ser una especie de celada.

Eso de meterse en los sectores de las finanzas de la guerrilla es algo muy delicado como bien lo saben los habitantes de los territorios bajo su influencia.

[51] Nombre cambiado.

[52] Eso de meterse en los sectores de las finanzas de la guerrilla s algo muy delicado, como bien lo saben los habitantes de los territorios bajo su influencia

[53] La próxima vez que lo vi fue el 20 de Mayo de 2004 en una audiencia pública de mi proceso judicial, donde contestó preguntas del juez, fiscal procurador, abogados, y una mía. Tuvo valor e integridad.

[54] En mi juicio un Fiscal dijo que era delito cobrar los US 120.000 porque era enriquecimiento ilícito.

[55] Qué ironía, en esta odisea he estado en cárceles de la guerrilla y del Estado.

[56] Hoy recuerdo que siendo un niño de 5 años, residíamos en Restrepo—Meta, varias veces acompañé a mi madre a visitar por las noches unas casas antiguas de madera que estaban embrujadas y asustaban, según decían. Unas señoras le contaban a ella historias de espantos en dichas casas y mi madre les decía que esa noche iría a ver que pasaba. Al ver lo valiente que ella era yo me sentía seguro agarrado de su mano. Ella me enseñó que los miedos se deben enfrentar.

[57] En el 2003 dos aviones similares se accidentaron cerca de esa zona, tripulados por contratistas estadounidenses. Corren rumores que fueron derribados. Varios de los tripulantes están en poder de las FARC—EP. Los demás murieron en el accidente

EPILOGO

En Febrero de 2004 empezaron las Audiencias Públicas del proceso en mi contra. Escoltado con fuerte dispositivo militar me llevaron a la sala de audiencias del Palacio de Justicia de Villavicencio. En resumen fueron 5 audiencias, la última se celebró el 1 de Junio de 2004. En la del 20 de Mayo es presentó, el Oficial de la Policía al cual yo le había contado, a grandes rasgos lo sucedido, mucho tiempo antes de mi captura. Corroboró mis palabras. Hacía unos pocos meses lo habían desvinculado de la institución, en Enero de 2004.

A los pocos días de terminadas las audiencias mi madre enfermó y la internaron en una Clínica. Según la legislación vigente yo tengo el derecho a visitarla en su lecho de enferma. El juzgado me concedió el permiso. Pero el INPEC (Instituto Nacional Penitenciario de Colombia) argumentó que no había guardia disponible para que me llevaran

Mi madre falleció el 9 de Junio y solamente pude despedirme de ella en el ataúd en la cárcel donde permitieron su entrada.

En Abril de 2005 recibí en la cárcel la noticia de la condena, en primera instancia proferida en mi contra de 7 años. Mi abogado apeló ante el Tribunal Superior del Meta

El 16 de noviembre de 2005 las puertas de la cárcel se abrieron. Después de 39 meses de prisión pisé las calles en libertad. El mundo ya no lo veo con los mismos ojos que tenía antes de ésta experiencia.

Confío en la justicia, a pesar de todo, pero espero con la frente en alto mi destino.

No quiero ser acusador ni juez de nadie.

No le voy a decir a nadie cómo debe hacer su trabajo.

No soy ni defensor o contradictor de ideología alguna.

Sencillamente éste es mi testimonio y seguirá siendo el mismo.

Me han declarado objetivo militar y sea cual fuere el autor de un eventual ataque contra mi vida, el que lo haga dirá que fueron otros.

Libardo Aldana Mejía
Villavicencio, Marzo 5 de 2006

AGRADECIMIENTOS

A las personas que me acompañaron y apoyaron.
A mi familia e hijos.
A quienes hicieron posible este libro, en especial a mi hermana Cenaida.
A Dios, a cuyos designios me someto.